AF308229

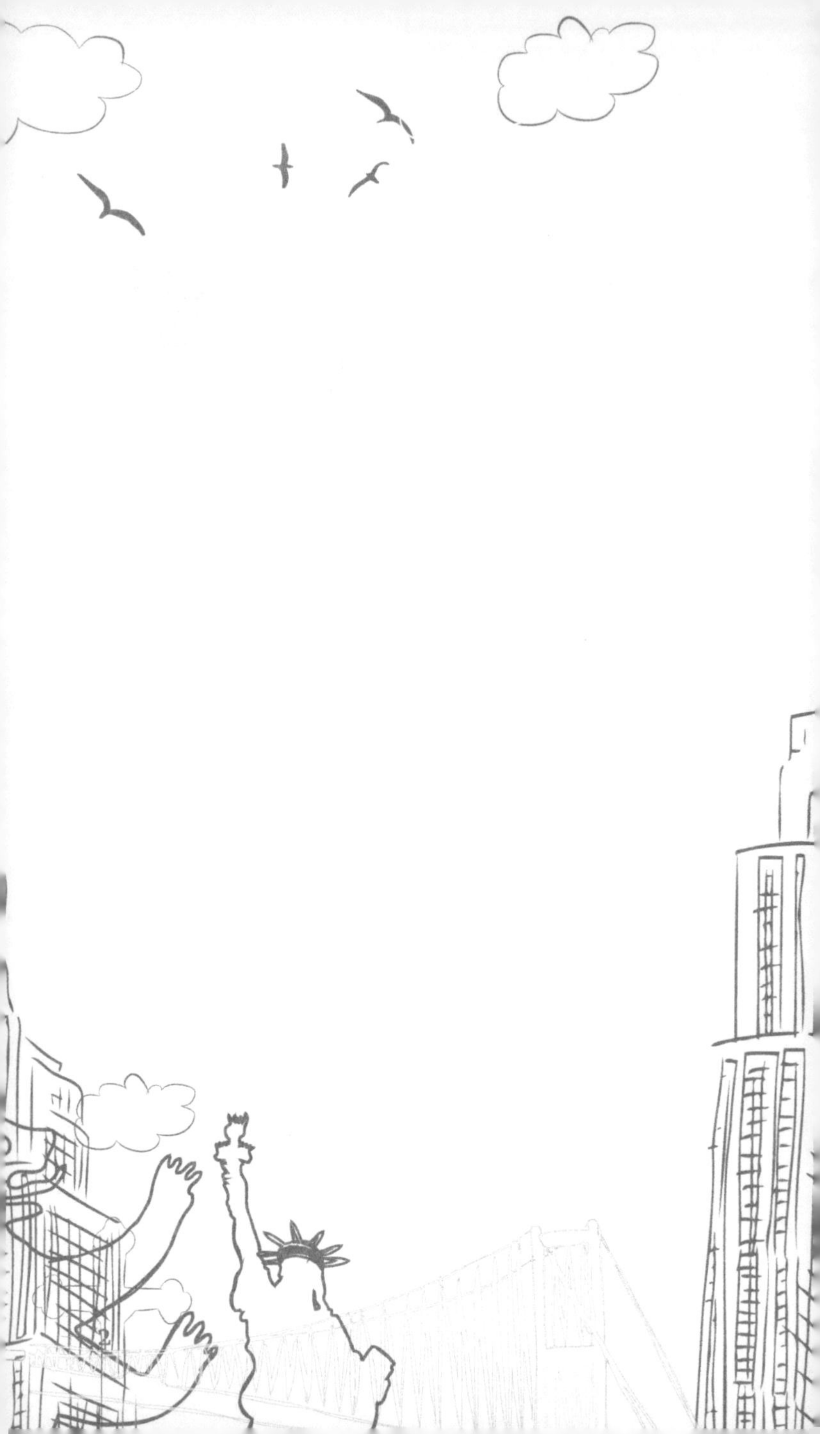

# MURAT HAM

# Liebeslügen

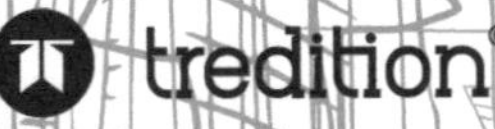

ROMAN

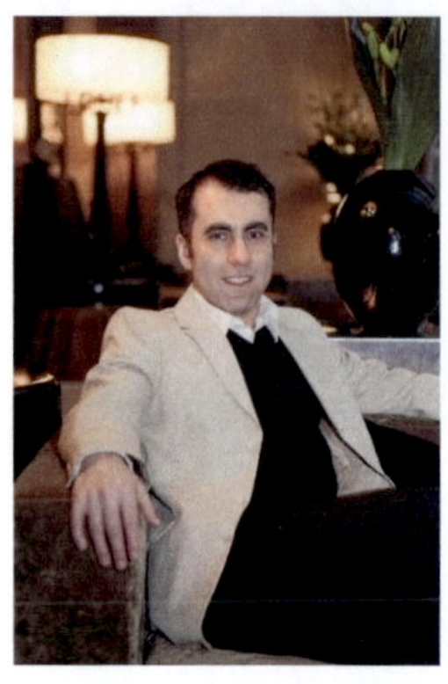

# MURAT HAM

ist gebürtiger Braunschweiger, Diplom-Politikwissenschaftler und ausgebildeter Journalist, besitzt langjährige Berufserfahrung als Redakteur bei namhaften Print-, Online- und Funkmedien sowie als Redaktionsleiter in der Unternehmenskommunikation. Er hat zahlreiche Publikationen veröffentlicht – unter anderem erschien im Jahr 2009 sein Buch „Jung, erfolgreich, türkisch" mit einem Vorwort des Bundesministers Dr. Wolfgang Schäuble. Im Jahr 2011 ist sein für den Karlsruher Buchpreis 2012 nominiertes Werk „Fremde Heimat Deutschland – Leben zwischen Ankommen und Abschied" mit einem Grußwort von Klaus Wowereit erschienen. Im Herbst 2012 publizierte Murat Ham ein weiteres Buch „Suche nach Glück: Leben mit der zerrinnenden Zeit". Im Frühjahr 2013 veröffentlichte Murat Ham seinen Roman „Berliner Liebesfluchten – Brücken zwischen den Welten", den ersten Teil einer anvisierten Trilogie. Das Lektorat des tredition-Verlags zeichnete dieses Werk zum „Buch des Monats" Mai 2013 aus. Murat Ham leitet seit 2013 im Berliner Tiyatrom die einjährige Veranstaltungsreihe „Deutsch-Türkischer Literaturabend". Im Herbst 2013 haben Schauspieler dort seinen Roman „Berliner Liebesfluchten" uraufgeführt.

# Teil 2

Für meine Eltern

Die Geschichte und
die darin vorkommenden
Persönlichkeiten sind
frei erfunden.

Mitten im tiefsten Winter 2013. In ihrer Villa
an der Tersane Caddesi in Galata im Stadtteil
Beyoğlu eskaliert ein Familienstreit zwischen
Vater und Sohn, das heißt, Kemal und Kenan.
Der Alkohol lässt jahrelange Hemmungen fallen. Böse verletzende Worte stehen im Raum.
„Ich hätte dich doch härter anfassen müssen.
Ich kann nicht verstehen, dass du dich traust,
mit mir so zu sprechen." Kemals Stimme zit-
tert. Beide werden von ihren Gefühlen über-
mannt und können damit nicht umgehen. Kemal rüttelt Kenan an den Schultern, der sich
wild um sich schlagend von ihm losreißt. „Bin
ich jetzt in einem Waschmaschinenschleu-
dergang? Was für ein falscher Film läuft hier?
Du alter Sack, du kannst mich mal. Ich hasse
und verachte dich." Kenan ist außer sich. „Ich
gehe jetzt und komme nie mehr wieder." Stol-
pernd greift er nach seinem Wintermantel
und merkt nicht, dass er dabei einige Bücher
aus dem Regal reißt. Die Tür knallt mit aller
Wucht ins Schloss. Plötzlich ist es ganz still
im Haus und Kemal ist allein. Ganz allein und
verloren.

Die Stille macht Kemal wahnsinnig. Sie
zwingt ihn zur Innensicht. Und dort öffnet

sich das große Nichts. Kenans Worte haben ihn betäubt und hallen nach. Tränen laufen ihm über die Wangen, ohne dass er sie spürt. Wie von Sinnen stolpert er in die Speisekammer und greift nach einer alten Johnnie Walker-Flasche, die seit Jahren auf der oberen Ablage vor sich hin reift. Glasweise schüttet er den Whiskey in sich hinein. „Ich habe alles verloren und bin verloren", murmelt er starr vor sich hin. Die Stunden vergehen und umso betrunkener er wird, desto ruhiger wird er. Er weiß jetzt, was er tun will. Die Uhr im Flur zeigt halb sieben, als er sich umständlich die Schuhe anzieht und die Wohnung verlässt. Es ist bitterkalt draußen. Er ist froh, dass es bald vorbei ist. Aus und vorbei. „Benim Karaköy, mein Karaköy. Ben seninim, ich gehöre dir. Beni anlıyorsun, du verstehst mich." Nur wenige Menschen sind auf der Galatabrücke, als er auf das Geländer zugeht. „Ich bin alt, müde, habe genug von allem." Das Wasser liegt ruhig unter ihm. Nur noch wenige Schritte.

Kemal will die Dunkelheit in seinem Leben nicht mehr aushalten. Er sieht Zuhal vor seinem geistigen Auge – wie sie über ihn spricht: „Mein eigener Mann hat Kenan den Vater

genommen. Seinem Sohn hat er den guten
Freund entrissen, meinen Herzensmenschen,
die Liebe meines Lebens. Das ist unglaublich.
Aber warum? Sind meine Vorwürfe zu hart
gewesen?" Kemal sieht sie weinen und hört
sie mit ihren Wutausbrüchen. „Sie wird sich –
wie unter einer Glasglocke fühlen und irgendwann fragen, wann sie wieder unbeschwerte
Stunden erleben darf." Kemal glaubt, der
Tod im Wasser sei weniger schmerzhaft als
die Einnahme der hochgiftigen Substanz
Rizin oder ein Schuss mit der Pistole. Kemal
steht noch Stunden da und weint. Insgeheim
hofft er, dass jetzt Zuhal oder Kenan kommt
und zeigt, dass einer von beiden sich Sorgen
um ihn macht, dann würde er nicht springen. Tatsächlich ist jemand gekommen, eine
hübsche junge Dame mit Berliner Dialekt. Sie
bittet Kemal, ob er ein Foto von ihr machen
kann. Kemal schaut traurig, aber er macht das
Bild für die junge Frau. Sie durchschaut die
Situation nicht und sagt nur „Danke, teşekkür
ederim" und geht mit schnellen Schritten
weiter. „Es soll also wirklich sein", denkt sich
Kemal. Seine Innenwelt ist aufgewühlt und
gespalten. Dann nimmt Kemal tatsächlich drei
Schritte Anlauf und will über die Brüstung

ins Wasser springen. Doch eigentlich weiß er, dass er nicht sterben will. Das Geländer bleibt unter seinem Kinn.

In der Sekunde, in der sich Kemals Füße von der Brücke lösen, merkt er, dass er einen Fehler begeht. Kemal stoppt instinktiv seine Bewegung in der Luft, kommt mit seinen Beinen ins Taumeln und rutscht ab. Der ältere Herr schlägt mit seinem Kopf gegen das Geländer und kommt unglücklich mit voller Wucht auf dem Rücken auf. Kemal schreit laut, weil die Schmerzen ihn wahnsinnig machen. Vor seinen Augen wird alles schwarz. Er fällt in Ohnmacht. Ein Passant sieht den alten Mann und ruft einen Krankenwagen. Kemal hat Glück. „Er hat Puls", sagt der Sanitäter und leitet die ersten Notfallmaßnahmen ein. Eine Traube Neugieriger hat sich um den Unglücksort gebildet. Nach nur wenigen Minuten kann Kemal ins Hospital gefahren werden.

Das Foyer im Krankenhaus ist leer und gleicht einem vergessenen Ort der Stille. Unwirklich und gespenstisch wirkt das Weiß der Wände im kalten Licht der Neonlampen. Aus verschlossenen Türen klingen die leisen

Geräusche schlafender Menschen, unruhiges
Schnarchen, rasselnder Atem. Hinter einer
Glasscheibe hält ein Pförtner Wacht über den
verlassenen Eingangsbereich. Viele Kran-
kenhausbewohner liegen noch in den Betten.
Kemals Lippen sind schon blau. Der Arzt
kontrolliert Kemals Blutdruck, schließt eine
Infusion an und spritzt ihm ein Medikament
in die Vene. Kemal ist noch immer bewusstlos.
Er wird überleben, das ist sicher. Aber er wird
bleibende Schäden davontragen. Zahlreiche
Rückenwirbel und sein vierter Halswirbel
sind gebrochen. „Sie werden vielleicht nie
mehr laufen können." Der Chefarzt ist kein
Freund von langem Um-den-Brei-Reden.
Zuhal, seine Frau, hat immer gebeten, nur
die Wahrheit, nichts als die Wahrheit zu
hören. Mit schonungsloser Offenheit eröff-
net er Kemal sein Schicksal, als dieser endlich wieder aufwacht. „Bei ihrem Sturz sind
einige Nervenleitungen im Rückenmark
zerstört worden. Wir sprechen in Fachkrei-
sen von der sogenannten Paraplegie. Auch als
Querschnittslähmung bekannt", beginnt er
vorsichtig zu dozieren. Kemal ist so durcheinander, dass er alles Weitere, was der Arzt
in wohltemperierten Worten vorträgt, nicht

mehr mitbekommt. Spinaler Schock, Rehabilitation, Inkontinenz: Die Begriffe verschwimmen vor seinem Auge. „Was passiert jetzt mit mir?“, stammelt er entgeistert vor sich her. Seine Augen blicken voller Angst seine Frau an. Zuhal nimmt seine Hand. Sie weint.

Tage vergehen, Wochen ziehen ins Land. Die Zeit zerrinnt in Windeseile. Kemal ist inzwischen in einer Rehabilitationsanstalt in Überlingen am Bodensee. Kemal hat mehrere Operationen erfolgreich überstanden, aber er wird bis an sein Lebensende an einen Rollstuhl gefesselt sein. Kemal will sich später dafür einsetzen, dass auf der Galatabrücke ein Suizid-Schutzzaun gebaut wird, der es unmöglich machen soll, dass Lebensmüde einfach springen.

Ganz leise, fast schüchtern klopft es an der Tür. Seit Stunden ist Kenan die langen geräumigen Gänge des großzügigen Sanitätsgebäudes nervös rauf- und runtergelaufen. Immer wieder hat er aus dem Fenster auf die prachtvolle Bodensee-Landschaft geschaut. Kenan gefällt der Blick auf die Promenade am See. Für den Sohn ist ein Alptraum wahr ge-

worden. Seitdem er von dem Unglück seines
Vaters erfahren hat, fühlt er sich wie gelähmt.
Er fühlt sich schuldig an dem Geschehen.
Warum ist er an dem besagten Abend nicht
bei seinem Vater geblieben, warum hat er sich
im Alkoholrausch so gehen lassen. Fragen,
die ihm nicht aus dem Kopf gehen und kaum
schlafen lassen. Er wollte doch eigentlich
einen schönen Abend mit Kemal verbringen.
Stattdessen hat er die Tür zugeschmissen, ist
zu einem benachbarten Freund gelaufen und
dort aufs Sofa gefallen. Und nach wochenlan-
gem Ringen mit sich steht er nun vor der Tür,
mit zitternder Hand klopft er noch einmal an,
diesmal stärker. „Ja", hört er eine schwache
Stimme von innen rufen. Vorsichtig macht
er die Tür auf. Kemal schaut ihn mit großen,
offenen Augen an. Er versucht zu lächeln.
Kenan schafft es nicht, den Blick zu erwi-
dern und sieht auf den Boden. „Hallo Papa",
haucht er mehr, als dass er spricht. Das Wort
„Papa" hat er seit der Kindheit nicht mehr
benutzt. Beklemmendes Schweigen folgt.
Die Unsicherheit ist mit Händen zu spüren.
Die überall im Zimmer verteilten fröhlich-
bunten Blumensträuße wirken merkwürdig
deplatziert. Zeitungen stapeln sich auf seinem

Tisch. Nach einer gefühlten Ewigkeit richtet sich Kemal mühsam im Bett auf. Er deutet Kenan gegenüber ein schwaches Lächeln an, zeigt mit seinem Finger auf den Rollstuhl, der in der Mitte des luxuriös ausgestatteten Einzelzimmers steht. Er versteht das Zeichen, nimmt hektisch den Wagen und rollt ihn vorsichtig an die Bettkante. „Hilf mir bitte rein", murmelt Kemal mit belegter Stimme. Kenan zögert kurz, packt dann aber doch, ein wenig ungelenk, seinen Vater an der Hüfte und setzt ihn vorsichtig auf die mit einem Kissen ausgelegte Sitzfläche. Die ungewohnte Nähe und die Körperberührung lassen die Hände Kenans erzittern. Er kann seine Gefühle nicht mehr richtig unterdrücken. „Ich wollte das nicht", stammelt er leise. „Wenn ich gewusst hätte, dass du dich ..." – Kenan stockt der Atem – „mmmh, töten wolltest", ergänzt Kemal erschöpft den Satz. „Mein Sohn, eigentlich wollte ich nicht springen, ich bin es ja auch nicht", fährt er tonlos fort. „Aber ich bin jetzt – ja,... wohl ein Krüppel." Kemal sieht verstört aus dem Fenster, als er diesen Satz aus sich herausquält. Er wirkt entrückt, als er auf seine Beine starrt. So sehr sie zu ihm gehören, so sehr scheinen sie ihm gleichzeitig fern. Dass er nie mehr die Erde unter seinen Füßen spüren wird, hat Kemal wohl gehört und mit dem Kopf verstanden, richtig angekommen ist die Botschaft noch nicht. Zuviel hat er bisher selbst trösten müssen – seine Frau vor allem, die immer wieder in Weinkrämpfe ausgebrochen ist. Inzwischen ist sie nach Berlin geflogen, um die Umbauarbeiten zu Hause einzuleiten. Dass Kenan seine Ängste überwunden hat, hat er allein der Zurede seiner Mutter zu verdanken. Was hat er sich nicht alles an großen Reden zurechtgelegt in den verkopften schlaflosen Nächten? Er wolle weniger Alkohol trinken, seine Gefühle offener kommunizieren, Verantwortung übernehmen, auch für seinen Vater, einfach ein besserer Mensch werden. Aber jetzt, als er seinen Vater verstört vor sich sitzen sieht, fehlen die Worte und spricht das Herz. Wie in Trance fällt er Kemal von hinten um den Hals und weint wie ein Schlosshund. Noch nie hat der sonst so coole James-Bond-Fan und gut gelaunte Überflieger in der Öffentlichkeit, geschweige denn vor seinem Vater, geweint und jetzt kann er nicht mehr aufhören. „Ich liebe dich", flüstert er Kemal ins Ohr. Kemal zeigt sich äußerlich ungerührt, drückt aber intensiv Kenans Hände. „So, jetzt aber reicht es auch wieder", grummelt er leise vor sich hin. „Ich hätte doch viel mehr Grund zu weinen. Du hast keine Schuld." Seine Stimme klingt jetzt zärtlich. „Lass uns erst einmal zur Ruhe kommen und in einem anderen Rahmen noch einmal miteinander reden." Kenan nickt und wirkt plötzlich gefasst. Er hilft ihm wieder in sein Bett und geht zur Tür. Als die Tür zufällt, fällt auch von Kemal die Anspannung ab. Er greift noch zu einem Wasserglas, das er sich sehr langsam an die Lippen führt. Ich habe meinen Jungen wieder, denkt sich Kemal und vergisst für einen kurzen Moment sein Schicksal. Tränen schießen ihm in die Augen. Er lacht glücklich. Auf seinem Nachttisch ein schwarzes Notizbuch, eine Kladde. Briefbögen aus dem Hotel von einer Geschäftsreise vor vielen Jahren in New York, Gekritzeltes, engzeilig Getipptes, große Buchstaben fließen über kleine Seiten, Tabellen, Zahlen, Unterstrichenes, Ausgestrichenes.

„An diesem Abend ist einfach alles zusammengekommen. Ich hatte immer solche Schmerzen, wenn ich Mama sah, wie sie litt, wenn du nachts wieder nicht nach Hause

gekommen bist." Mit ruhigen Worten spricht
Kenan zu seinem Vater, während er ihn vor-
sichtig durch den traumhaften Garten der
Anlage schiebt. Es ist ein wunderschöner
Wintertag. Ein Meer von kahlen Baumkro-
nen, die wellengleich ins Unendliche führen.
„Wir sind ohnehin allein. Ich bin allein – ich
bin immer allein gewesen. Egal, was heute
ist." – „Papa, was meinst du?" „Nichts, ich
rede einfach vor mich hin. Erfolg heißt auch
Gift. Kenan - mach' es besser als dein Vater.
Ich bin müde geworden vom Erzählen, vom
Berichten über die Vergangenheit." Kemal
schließt die Augen, öffnet sie wieder, erschro-
cken, als sei er eingenickt und aufgewacht,
tastet er mit einem trägen Blick schweigend
den Garten ab. „Wir leben in einer Welt, in der
alles überhöht wird. Ich habe irgendwann das
Gefühl für die Realität verloren. Das Gefühl
für Echtheit hat mir sehr gefehlt. Dabei bin
ich eigentlich lebenslustig, interessiert, wiss-
begierig. Niemand braucht Mitleid für mich
zu empfinden."

Zuhal hat von alledem nichts mitbekommen.
Sie hat in Berlin alle Hände voll zu tun, um
die baulichen Voraussetzungen für das neue

häusliche gemeinsame Zusammenleben zu schaffen. Das Unglück hat die beiden Ehepartner wieder näher zueinander gebracht. Es scheint, es habe den Blick in den Abgrund gebraucht, um wieder miteinander, statt übereinander reden zu können. Nun wird Zuhal zum Baumeister. Sie baut die Villa in Berlin behindertengerecht aus. Das Geld seiner verstorbenen Eltern ermöglicht die enormen Investitionen. Damit der Rollstuhl durchpasst, werden die Türrahmen verbreitert, von 95 Zentimeter auf 1,30 Meter. Die Villa steht an einem leichten Hang. Ein Aufzug wird eingebaut, damit Kemal runterfahren kann in den Garten, der hinter der Villa tiefer liegt als die Straße davor. Kemal lässt im Wohnzimmer eine große Fensterfront errichten, bis hinab zum Boden. Er will das Freiheitsgefühl weiterleben, sich die Illusion von Unabhängigkeit erhalten, obwohl er existenziell von anderen abhängig ist. Er hat diese traurige Wahrheit lange nicht wahrhaben wollen. Und das heißt mehr als nur nicht mehr gehen können. Mit seinen körperlichen Einschränkungen arrangiert er sich peu à peu. Seit kurzem sieht er auch interessiert im Fernsehen den Paralympics-Wettbewerben zu. Ihn beeindruckt, wie die behinderten Sportler ihr Schicksal ignorieren und sich selbst zu Höchstleistungen pushen können. Was die können, kann ich doch auch, denkt er sich. Oft sitzt er in einem Spezialstuhl in seinem überdimensionierten Spiegelsaal. So hat Zuhal mit Anspielung auf den prunkvollen Dolmabahçe-Palast das Wohnzimmer ironisch getauft. „Bizim Dolmabahçe Sarayı, unser Palast der vollen Gärten." Dort sieht sich Kemal inmitten seiner Zeitungen und Fachzeitschriften vor dem geistigen Auge oft in alter Manier durch sein Labor laufen und Anweisungen geben. Umso härter dann der allabendliche Fall aus der Traumwelt der Dominanz in die triste Realität der vollständigen Abhängigkeit. Er, der immer so viel Wert auf Freiheit und Abstand gelegt hat, kann jetzt auch in den privatesten Momenten nicht mehr allein sein: Eine Pflegekraft zieht ihn abends komplett aus und schiebt ihn in die Dusche. Sie hilft ihm auch, mit dem Waschlappen die unzugänglichen Körperregionen genau zu säubern. Der Toilettengang gleicht inzwischen einer medizinischen Operation. Kemal muss sich einen Katheter legen lassen. Ein Schlauch führt durch die Bauchdecke direkt in die Blase.

Über ein Ventil kann er Urin ablassen. Dann hat er sich auf Anweisung des Pflegepersonals auf das Bett zu legen und den nackten Rücken nach rechts zu drehen. Seine Hoffnung, durch die schiere Routine die tägliche Demütigung verdrängen zu können, erfüllt sich nicht. Im Gegenteil: Je mehr dieses Prozedere zu einem Ritual geworden ist, desto größer sind auch seine psychischen Leiden geworden. Immer wieder schließt er die Augen und wünscht sich den Tod. Er fühlt sich tief in seiner Menschenwürde verletzt. Dabei helfen ihm die gut verdienenden Pflegekräfte aufopferungsvoll. Er behandelt sie nicht gut.

Am Anfang hat Zuhal auch die hygienischen Aufgaben mit übernommen. Sie ist dann aber immer mehr auf Abstand gegangen. Aus Selbstschutz. Sie hat sich nicht mehr Kemals verletzendem Zynismus aussetzen wollen. So hat Kemal seinen Verlust an Selbstachtung nach außen zu kompensieren versucht. Ohne es bewusst zu wollen, hat sich Zuhal so mental und emotional immer weiter von ihrem Ehemann entfernt. Sie war durch die Umstände zur Herrin in der Beziehung geworden.

Geplant und gemanagt hat sie die Umbauarbeiten nach dem ersten Schock allein. Auch die Betreuung von Kemal hat sie perfekt verwaltet, so dass sie selbst entscheiden kann, wann sie seine Nähe sucht. Und das ist immer seltener der Fall. Ihre Liebe zu Kemal ist da, wird aber kälter. Paradoxerweise hat Zuhal der von außen aufgedrückte Zwang zum Handeln glücklicher gemacht. Ihre Depressionen scheinen plötzlich wie verflogen. Das Gefühl gebraucht zu werden und Dinge allein regeln zu können, hat sie stark gemacht und ihr Selbstvertrauen gestärkt.

In der Beziehung zwischen Kemal und Zuhal haben sich die Machtverhältnisse verschoben. Sie bestimmt jetzt über ihr gemeinsames Leben. In dem Maße, wie Kemal seine Bewegungsfreiheit einbüßt und sich in Traumwelten verliert, gewinnt Zuhal neue Freiräume und ganz neue Perspektiven in der Wirklichkeit. Kemals Schicksal ist für Zuhal eine Art Jungbrunnen. Sie entdeckt bei sich neue Kräfte. Zuhal sieht sich selbst in einem anderen Licht, sie erkennt diese neuen Facetten und bekommt ein neues Bewusstsein. Gleichzeitig wird sie auch oft nachdenklich: Sie beobach-

tet Kemals Körperlichkeit und versucht zu
deuten, was ihren Mann bewegt. Zuhal ist
auch fürsorglich: Wie geht es dir, was hast
du, wo befindest du dich gerade, was kann ich
tun, damit es dir besser geht? Kemal gibt ein
Alphabet an Körperlichkeit und persönlichem
Befinden, das Zuhal lesen lernt.

Kemal liebt Musik und entdeckt sie nach Jahren wieder. Mit Musik kann Zuhal wie beim
Thermostat die Laune ihres Mannes einstel-
len. Sie wertet mittlerweile Kemals Behinderung auch als ein Geschenk, weil sie ebenso
positive Veränderungen mit sich bringt.
Kemals Schicksal hat Zuhal gezwungen, sich
auch mit anderen Dingen auseinanderzuset-
zen, bewusst zu werden für die Bedürfnisse
ihres Mannes. Nur weil er gelegentlich Spei-
chelfluss hat und im Rollstuhl sitzt, ist ihr
Mann geistig nicht kleiner als sie. Zuhal weiß
genau, dass Mitleid Kemal klein macht und
ihn in eine Dose steckt. Ihre Liebe ist weniger
emotional sichtbar, aber auf einer höheren,
geistigen Ebene sogar tiefer geworden. Der
Geist transzendiert die alte Leidenschaft.

Im Tagesalltag versucht Kemal klar zu wirken in der Beurteilung seiner selbst und ist auch mal nachsichtig mit den anderen und um Ausgewogenheit bemüht. Dann wird er aber manchmal laut und will allein sein. Für Kemal wird die Musik nicht nur Katalysator für seinen eigenen Schmerz, sondern auch Sinnfindung für das Leben selbst. Sie ist Mittel gegen das Gefühl der eigenen Überflüssigkeit. Musik hilft gegen das gefühlte Chaos in Kemals Leben. Sie gibt ihm einen festen Platz.

Zuhal lauscht gerne, wenn Kemal wieder Geige spielt. Er beißt sich dann an so kleinen Klanginseln fest und findet selber im musikalischen Nebel eine Struktur. Manchmal setzt sie sich oben auf einen Stuhl, wo er sie nicht sieht, und schließt die Augen. Sie träumt dann von vergangenen Zeiten, als sie sich noch körperlich sehr nahe waren, und fühlt sich wohl. Es sind Momente, in denen sie tiefe Liebe zu Kemal und zur Welt spürt. Ohne Wenn und Aber ist es eine schöne Zeit gewesen.

„Was ist denn Sibel", murmelt Zuhal im Halbschlaf vor sich hin. Immer stärker wird das Trommeln an der Tür. „Hanımefendi, kommen Sie schnell, hanımefendi", hört sie eine hektische Stimme rufen. Zuhal wirft sich einen Bademantel über und öffnet mit kleinen Augen die Tür. Als sie in das zutiefst verschreckte Gesicht von Sibel sieht, ist Zuhal sofort wach. „Ich glaube", Sibels Stimme überschlägt sich, „ich glaube ... Kemal atmet nicht mehr". Zuhals Herz beginnt zu rasen. Unheimliche Angst steigt in ihr auf und schnürt ihre Kehle zu. Wie in Trance läuft sie die Treppe herunter und reißt die Schlafzimmertür auf. Ganz friedlich, mit einem tiefen Lächeln im Gesicht liegt Kemal in seinem Spezialbett, als ob er schläft. Seine Haut ist kalt, sie spürt keinen Puls. „Ruf den Notarzt, sofort", schreit sie Sibel an. „Tue mir das nicht an, tue mir das nicht an", stammelt sie vor sich. Panisch beginnt sie mit einer Herzmassage. Dann bricht sie neben dem Bett zusammen.

Apathisch sitzt Zuhal in dem großen Sessel im Spiegelsaal. Um sie herum weinen die Hausangestellten. Sie sieht, wie mehrere Männer den Leichnam mit einem provisorischen Sarg aus dem Haus schleppen und ihn in einen dunklen Leichenwagen schieben. „Er hatte keine Schmerzen, ist friedlich eingeschlafen. Sein Herz ist einfach stehengeblieben. Einen schöneren Tod kann man sich nicht wünschen." Tonlos bedankt sich Zuhal für die Worte und verabschiedet sich geistesabwesend vom Arzt. Ihre Gedanken kreisen nur um Kenan. Die schreckliche Nachricht hat ihren Sohn beim morgendlichen Joggen im New Yorker Central Park erreicht. Spätestens am Abend sei er bei ihr, hat Kenan Zuhal zugesichert. Als er in die Tür tritt, fallen sich beide lange in die Arme. Sie sind jetzt beide allein. Die Familie ist wieder auf ihre Keimzelle reduziert. Mutter und Kind.

Zuhal und Kenan haben die Zerrissenheit Kemals gespürt. Für beide ist die Zeit stehengeblieben. Kemal scheint gerade aus dem Haus gegangen zu sein. Zuhal setzt sich noch mal kurz auf einen der zerschlissenen sandfarbenen Sessel und spricht so leise, als habe sie jede Erinnerung an die in menschlicher Gesellschaft übliche Gesprächslautstärke verloren. Auf dem Schrank dieses Zimmers sieht sie alte Urlaubsfotos mit Kemal und ihrem Sohn in New York. Sie trägt auf dem Bild eine hochgeschlossene rosa Bluse. Auf der Straße vier geparkte Autos. Alle lachen herzhaft. Das ist nun etliche Jahre her.

Bei Zuhal und Kenan schleicht sich ein Gefühl der Hoffnungslosigkeit ein, von der sich beide schwer lösen können. Zwar ist Kemal häufig gegenüber seiner Frau und seinem Sohn gleichgültig gewesen, aber daraus lesen Zuhal und Kenan kaum etwas Negatives ab. Danach ist Kemals Haltung nicht leer gewesen, sondern reich und lebendig. Sie öffnet sich in die Stille, Weite und Mehrdeutigkeit der Welt sowie des Inneren und hat Kemal zu jeder Zeit vom Terror der Eindeutigkeit befreit.

Für Kemal ist die Berliner Villa die Erfüllung seines Traums gewesen – Grasduft am Tag, Sternenlicht in der der Nacht und Abende, die das Familienherz weiten. Kemal hat eine alte Lebensvorstellung gehabt, wonach Mut, Schönheit, Ehre, Liebe und das Leben selbst nicht voneinander zu trennen sind, ohne alles zu verlieren.

Bald steht die Testamentseröffnung an. „Die letzte Version ist bei mir vor zwei Monaten hinterlegen worden." Der Notar räuspert sich

kurz und öffnet langsam und umständlich
mit einem schweren altmodischen Brieföff-
ner den großen Umschlag. Der große Sessel
quietscht unter dem nicht nur juristischen
Schwergewicht. Vor dem Schreibtisch sitzen
Zuhal und Kenan. Beide sind schick gekleidet
und ruhig in sich gekehrt. Sie erwarten keine
Überraschung.

Kemal hat immer sehr offen über seine Erb-
planungen geredet. Zuhal soll den gesam-
ten familiären Immobilienbesitz erben und
bewahren, Kenan den gewaltigen Aktien- und
Versicherungsbestand, wenn möglich, noch
vermehren. Doch plötzlich werden ihre Augen doch groß vor Staunen. „Ich wünsche, auf
dem Friedhof Zincirlikuyu in Istanbul in der
Familiengruft - neben dem Grab meiner Eltern - bestattet zu werden", liest der Notar laut
und deutlich vor. Verblüfft sehen sich Kenan
und Zuhal an. Über den Ort seiner Beerdigung
hat Kemal niemals gesprochen. Nach seinen
langen so erfolgreichen Jahren hat er wohl
sehr an Berlin gehangen. Doch in erster Linie
hat sich Kemal als Türke und seiner familiären Tradition verpflichtet gefühlt. Das ist jetzt
auch Kenan klar geworden. Kemals unbeding-

ter Wunsch, in Istanbul begraben zu werden, beeindruckt besonders seinen Sohn.

Jetzt versteht Kenan, die vielen Erzählungen seines Vaters über seine Eltern in Istanbul. Die Geschichte seiner Großeltern, die abends ihre Stühle ans Fenster gerückt haben, um auf den magischen Bosporus hinauszusehen. Der Sohn erinnert sich an die Geschichten seines Vaters, an die Bäume vor dem Istanbuler Haus, an die Sonne, das Goldene Horn und die Landschaften.

Schweigend verlassen Zuhal und Kenan das schicke und großzügige Anwaltsbüro am Kurfürstendamm. „Wie würde ich mich entscheiden?" Die Frage will Kenan nicht aus dem Kopf gehen. So viel er sich in seinen Reisereportagen über andere Kulturen ausgelassen hat, so wenig hat er doch sein eigenes kulturelles Selbstverständnis problematisiert und reflektiert. Eigentlich sieht er sich als Weltbürger und hat das Thema unwichtig gefunden, aber jetzt zweifelt er. Ist er doch eher Deutscher, Türke, Deutsch-Türke oder sogar schlicht einfach ein Berliner, was immer das ist? Oder ist jegliches Kategorisieren egal?

Ist diese Frage überhaupt noch wichtig und zeitgemäß bei den globalen Entwicklungen? Wie sehr ähnelt er seinem Vater? Die Fragen lassen Kenan nicht mehr los.

In der Familie sind kaum intime Gespräche geführt worden. Persönliche Gespräche über Sexualität und Tod sind kein Thema gewesen. Der Chemie-Professor hat die Psychoanalyse für blühenden Unsinn gehalten. Kemal hat das Schweigen und die unlösbaren Widersprüche des Lebens ertragen. Trotz allem liebt Kenan, aber auch seine Mutter, Kemal über den Tod hinweg.

Am nächsten Tag fliegen Zuhal, Kenan und Sibel nach Istanbul. Sie wollen alle Vorkehrungen treffen. Einen Abend vor der Beerdigung schauen sie sich den Istanbuler Friedhof Zincirlikuyu an. Der Vollmond taucht den Friedhof in ein kaltes, unheimliches Licht. Zuhal hat einen Strauß rote Rosen gekauft. Sie verteilen sie einzeln auf die Gräber von Kemals Eltern, weinend, wortlos.

An Kemals Wunsch, in Istanbul bestattet zu werden, zeigt sich seine tiefe Verbundenheit mit seinen Eltern. Wie sie ist er im Glauben der Aleviten aufgewachsen. Im Interesse einer zeitnahen Bestattung ist der Leichnam bereits so schnell wie möglich in Berlin rituell von männlichen Verwandten gewaschen worden. Heikle Kompromisse in Fragen des Glaubens haben zu jeder Zeit außer Frage gestanden. Zuhal und Kenan sollten keine unnötigen Diskussionen mit deutschen Behörden zur Sargpflicht und Ewigkeitsgarantie führen. Kemals Angst, dass seine Überreste nach dreißig oder vierzig Jahren von der Stadt Berlin verbrannt werden, haben ihm zu Lebzeiten zugesetzt und ihn in seinem Entschluss bestärkt. Kenan und Zuhal empfinden großen Schmerz, dass Kemal weit weg vom Berliner Alltag liegen wird. Sie wissen auch, dass eher Berlin ihre Heimat ist – auch nach dem Tod.

Kemals Verwandte haben sich im Cem, in der Gemeindeversammlung, zur Beerdigung versammelt. In der Nähe des Istanbuler Friedhofs Zincirlikuyu beginnt die feierliche Zeremonie. An der Totenbahre haben sich dort alle versammelt: der alevitische Geistliche, Dede, Kemals Freunde und die Verwandtschaft. Bevor Kemal bestattet wird, soll jeder, der mit dem Toten noch einen Streit gehabt hat, vor die Trauergemeinde treten und ihm vergeben oder selbst um Vergebung bitten. Ansonsten würde die Seele von Kemal keine Ruhe finden.

Sibel bricht bei der Zeremonie in Schreie aus und trauert in einem tranceähnlichen Zustand dem Toten nach. Sibels Klageschreie gehen in einen psychischen Zusammenbruch über. Sie fällt in Ohnmacht und muss an die frische Luft gebracht werden. Nach der Beerdigung besuchen Freunde und Bekannte Kemals Familie in der Istanbuler Villa, um vor allem Zuhal und Kenan ihr Beileid auszusprechen und ihre Unterstützung anzubieten. Eine gedämpfte, aber auch feierliche Stimmung schwebt über den Räumen. Überall ist Kerzenlicht.

Nach Zuhals Wunsch tritt der Musiker Arif Sağ, ein türkisch-alevitischer Sänger, in die Mitte der Versammlung und singt drei Klagelieder in Begleitung der Saz, des anatolischen Saiteninstruments. In den Versen geht es um das Leben von Kemal. In der alevitischen Familientradition spielt Trauermusik eine wichtige Rolle. Klagelieder sind Teil des Rituals.

Für die Familie ist der Tod nichts Endgültiges, sondern der Beginn einer Wiederkehr ins Leben. Im Gegensatz zu den Sunniten glauben Aleviten an eine Wiedergeburt des Verstorbenen. Die Seele wird sich mit einem neuen Menschenkörper vereinigen. Kemal hat immer daran geglaubt, dass der Tod nur den Körper betrifft und nicht die Seele. In den Gedichten des türkischen Dichters Yunus Emre, den Zuhal sehr verehrt, wird der Tod als der Beginn einer Wiedergeburt beschrieben. Die Seele tritt frei von jeglichen Sünden und Fehlern aus dem Leben in einen neuen Aggregatzustand über. Sie ist göttlich und somit unsterblich.

Zuhals Totenklagen-Dichtungen gleichen Zwiegesprächen mit Kemal. In dieser dialogischen Form kann sie ihren tief empfundenen Verlust zum Ausdruck bringen. Zuhal und ihr verstorbener Mann haben an den Kreislauf der Seelen fest geglaubt. Paradies und auch die Hölle sind keine Kategorien in einem fernen Jenseits, sie sind vielmehr Teil der diesseitigen Welt. „Aber bei jeder Wiedergeburt soll der Mensch besser werden", erinnert

sich Zuhal an Kemals Worte. Ihr kommen die
Tränen.

Am dritten, siebten, aber insbesondere am
vierzigsten Tag nach dem Tod Kemals arran-
gieren die Angehörigen eine Art Segensmahl,
um Kemal die letzte Ehrerbietung zu erwei-
sen. Mit diesem Segensmahl soll der Segen
und das Gute des Verstorbenen legitimiert
werden, damit die Seele unbelastet wiederge-
boren werden kann. Alles geht seinen festen
rituellen Gang. Den innerlich schwankenden
Familienmitgliedern bieten die Regeln äußer-
lichen Halt. Selbst Kenan, der sonst immer
gerne über Religionspraktiken gespöttelt hat,
fühlt sich in der Gesellschaft geborgen.

Tage vergehen. Der Alltag kehrt ein. Zuhal
und Sibel wollen zunächst in Istanbul bleiben. Kenan hingegen packt seine Koffer. Er
will Abstand – und nach New York fliegen.
Seine Mutter und Sibel leiden unter Schlaflo-
sigkeit. Sibel wacht mitten in der Nacht auf,
wenn Zuhal nachts in der Villa umhergeht.
Die Hausherrin schaut aus dem Fenster und
findet den Abschaltknopf in sich einfach
nicht mehr. Am nächsten Tag bucht Kenan

einen Flug von Istanbul über London nach New York. Der Morgen ist grau, der Raum hat kaum Licht. Zuhal sitzt morgens in Jeans und irgendeinem Pulli mit einer Tasse Kaffee in der Hand. Sibel kommt mit einem Glas türkischem Tee die Treppen in der Villa runter. „Lass uns spazieren gehen", sagt Zuhal und schaut Sibel an. „Eine gute Idee", erwidert sie. „Hoffentlich haben sich das Reizgas und die Wut verzogen." „Wie?", will Zuhal wissen. „Ich spreche von den vielen Tausenden Gezi-Park-Demonstranten, die den Schlagstöcken und Tränengasgeschossen getrotzt haben." – „Ach so, jetzt verstehe ich, was du meinst, Sibel. Kemal hat sich auch schon bei mir beklagt. Die Mehrheit der Demonstranten sind Aleviten. Sie lassen sich nicht einschüchtern und wie eine terroristische Bedrohung behandeln."

Zuhal und Sibel gehen vor die Tür in Richtung Taksim-Platz. Beide sind abgemagert, sehr erschöpft und bleich. Sibels Gesicht wirkt ein wenig eingefallen mit ihren strohigen schwarzen langen Haaren. Bei Zuhal hingegen sieht die Haut leicht rau aus, als ob sie lange Zeit einem schneidenden Wind ausgesetzt gewesen ist. Ihre Wangen wirken blutleer. Sie sehen Händler, die ihre roten Wägelchen auf den Platz rollen, um – wie gewohnt – Sesamkringel zu verkaufen. „Kaum zu glauben, dass vor Kurzem noch jede Nacht ein paar Müllcontainer gebrannt haben, zur Barrikade aufgetürmt – und die Räumkommandos und Wasserwerfer ausgerückt sind. Kemal hat immer gewollt, dass das Leben in Istanbul anders sein sollte gegenüber den Jahrzehnten zuvor, friedlicher, offener. Seine Stadt sollte sich verwandeln", sinniert Zuhal. „Niemand weiß, ob der Widerstand sich in Zukunft radikalisieren wird. Hoffentlich verfliegen nicht die Ideale, die noch vor einiger Zeit so viele Menschen auf die Straße gezogen haben. Im kleinen Gezi-Park haben Alte und Junge, Reiche und Arme zusammengefunden. Sie haben die Bäume vor den Investoren eines Shoppingcenters gerettet. Die Welt ändert sich. Ohnehin sind die Proteste auf die Straßen der Welt zurückgekehrt. Das gilt auch für Rio de Janeiro, Kiew, Bangkok, Kairo und die Vororte der schwedischen Hauptstadt Stockholm. Die Hintergründe sind unterschiedlich. Gummigeschosse in Rio, Schlagstöcke in Kairo, Wasserwerfer in Stockholm und bei uns in Istanbul haben wir es mit Tränengas zu tun. Die Türkei darf nicht stehen bleiben." Polizisten stehen gelangweilt auf den Straßen herum, auf dem Kopf haben sie schwarze Helme. Zuhal und Sibel ziehen vorbei, als wäre nichts. Ihre Schritte klingen auf den Straßen hart, eilig – nicht wie das leichte Klacken von Pumps, sondern schwere Tritte. Beide tragen sportliche Schuhe mit Schnürsenkeln. Sibel zeigt auf die Brücke am Goldenen Horn, die zu erkennen ist, und hört Passanten über die Gezi-Proteste sprechen. Zuhal kommentiert prompt: „Die Mehrheit der Verhafteten unter den Gezi-Demonstranten sind wie wir Aleviten. In verschiedenen Facebook-Gruppen fordern sie eine neue Partei in der Türkei, die ihrem höheren Bildungsgrad gerecht wird. Sie wollen die Freiheit haben, über ihr Leben und ihre Zukunft zu entscheiden. Kemal wäre sicher auch auf der Seite seiner alevitischen Freunde. Sie finden die Idee absurd, den Gezi-Park in noch ein Einkaufszentrum zu verwandeln." Sibel schaut auf ihre Uhr: „Wir müssen zurück. Kenan will Richtung Flughafen." – „Stimmt. Sibel, du hast Recht."

Beide beeilen sich, um Kenan auf der Taxifahrt zum Flughafen zu begleiten. „Endlich. Wo steckt ihr denn?", sagt Kenan und öffnet die Tür. „Wir haben nur noch eine Stunde." – Zuhal streichelt ihrem Sohn die Haare und entschuldigt sich: „Pardon. Das tut uns leid." Sie setzen sich in das alte Arbeitszimmer von Kemal und Zuhal nimmt auf dem großem braunen Schreibtischstuhl Platz, in dem sie zu versinken scheint wie ein Vogel in einem überdimensionierten Nest. Sibel sitzt, die Beine hochgezogen, auf dem braunen Arbeitsthron und gähnt. Sie ist sehr müde. „Nach der Taxifahrt werden wir unseren Schlaf nachholen", sagt Zuhal mit leiser Stimme und schaut Sibel an. „Ich höre die Klingel. Das ist wahrscheinlich der Taxifahrer. Er ist vor der vereinbarten Zeit. Wir suchen uns die Orte nicht aus. Orte wählen uns aus. Menschen sind zeitweise am falschen Ort. Vielleicht hängt das mit einem Gefühl des Unvollständigseins zusammen." – „Mama, jetzt komm, bitte. Du auch, Sibel. Ich will jetzt nicht, dass wir uns in einer kargen Melancholie verlieren."

Während der Taxifahrt sehen sie die neuen Viertel mit Hochhäusern, Highways und

Shoppingmalls. „Das passt eher zum Arabischen Golf, wo sie auf Wüstensand stehen und nicht zu Istanbul mit mehreren Tausend Jahren Geschichte. Hoffentlich schwinden nicht die typischen Gerüche aus den Gassen und generell das Istanbuler Lebensgefühl", ruft Kenan seiner Mutter zu. „Recep Tayyip Erdoğans autoritäre Umgestaltungspolitik ärgert mich. Alles soll auf sein Kommando hören. Kein Wunder, dass es zu den Gezi-Park-Protesten und diversen Demonstrationen gekommen ist. Hoffentlich bricht ihm die gigantische Korruptionsaffäre seiner Minister das Genick. Niemand weiß, weil viele Dossiers in puncto Bestechung in den Schubladen der Staatsanwaltschaft auf Enthüllung warten", erwidert Zuhal und schüttelt den Kopf. „Ja, nun verlasse ich Istanbul, doch bevor ich meinen letzten Koffer gepackt habe, hat mich dieses Istanbul von heute verlassen. Papas Stadt wächst und verschwindet zugleich. Sie sieht immer mehr wie eine austauschbare Metropole aus. Ob ich nach New York oder Istanbul fliege, darf nicht egal sein", antwortet Kenan.

Sie fahren an einem Teehaus vorbei. Männer hocken mit ihren Gläsern. Sie schnippen die Zigarettenkippen auf die Pflastersteine. „Schaut mal. Die Abrissbirnen, die das alte Leben in Istanbul abräumen." – „Ach Sibel, traurig, aber wahr. Das ist ein historisches Istanbuler Viertel. Große Plakate bewerben Neubauten mit Büros und Luxuswohnungen. In den weißen Fassaden können nun neureiche Frauen mit hohen Absätzen und blonden Kindern bald einziehen", kommentiert Zuhal ihre Blicke aus dem Taxi. Kenan will das Autofenster runterlassen: „Bitte nicht. Dieser infernalische Lärm, der Gestank offener Rohre, überall Staub." Zuhal redet mit aufgeregter Stimme: „Die Bevölkerung soll ausgetauscht werden – vertrieben und dann vergessen. Wer die Geschichte der alten Bauten vergisst, hat auch nicht die Menschen im Sinn." Der Taxifahrer fährt auf einer mehrspurigen Straße voller Autos. „Wir sind gleich am Flughafen Atatürk. Wollen Sie eine Quittung?", will der Taxifahrer wissen. „Nein, vielen Dank. Wir müssen uns beeilen." Kurze Zeit später steigen alle aus und gehen gemeinsam in den Flughafen. Sie schweigen. Zuhal und Sibel schauen traurig aus. „Jetzt hört auf, bitte keine Szene hier im Flughafen. Nehmt euch bitte gleich ein Taxi zurück", sagt Kenan lachend seiner Mutter. „Wir werden dich vermissen“, bringt Zuhal über ihre Lippen und ihr kommen die Tränen. Sibel weint bereits. Kenan will keine langen Reden und verabschiedet sich. Er läuft zum Check-in-Schalter. Während des Flugs schläft er die meiste Zeit. Für den Zwischenstopp in London hat er seinen Sitznachbarn gebeten, ihn notfalls aufzuwecken. Der Flug nach New York verläuft ohne Probleme.

„Wir haben soeben unsere Reiseflughöhe verlassen und beginnen mit dem Anflug auf John F. Kennedy International Airport. Bitte vergewissern Sie sich, dass Ihr Handgepäck wieder sicher verstaut ist. Schnallen Sie sich wieder an und bringen Sie Ihre Rückenlehne in Vorbereitung zur Landung wieder in die Senkrechte und klappen Sie Ihren Tisch hoch. Vielen Dank.“ Die Durchsage reißt Kenan aus einem tiefen Erschöpfungsschlaf. Er sieht verträumt aus dem Fenster auf die glitzernde Silhouette der Metropole. Er mag die Vogelperspektive. Alles fühlt sich anders an, seitdem er vor einigen Tagen überstürzt und mit noch nassen Haaren in die Maschine nach Europa gehetzt ist. Sein Leben wird sich ändern, da ist sich Kenan sicher. Aber in welche Richtung ihn dieser „wind of change" wehen wird, das weiß er nicht.

Kenan gähnt entspannt und denkt an sein schickes Penthouse-Appartment an der East Side. Er hat es sich vor einiger Zeit gekauft, weil er sich an dem Ausblick auf den in der direkten Nähe gelegenen Central Park einfach nicht satt sehen kann. Dort fallen ihm auch die besten Ideen zu seinen Erzählungen ein, die er meist im Anschluss an Reiseerfahrungen zu Papier bringt. Er arbeitet als Feuilleton-Redaktionsleiter bei der altehrwürdigen New York Times. Das Nachdenken über das Schreiben und Schreiben selbst sind für ihn wie Ein- und Ausatmen. Der digitalen Medienrevolution hat er von Anfang an sehr offen gegenübergestanden, wenn er auch seine alte Olympia-Schreibmaschine wie ein Heiligtum verehrt. Sie hat ihm Kemal vor langer Zeit zu einem Geburtstag vermacht. „Mach was draus", hat sein Vater damals Kenan bedeutungsschwer ins Ohr geflüstert. Mehr denn je ist ihm seines Vaters Wort Auftrag.

„Ich werde was draus machen." Kenan redet
gerne mit sich, wenn er vor seinem großen
Garderobenspiegel im Flur steht und sich für
den Abend schön macht. So kann er seine
Gedanken ordnen und seelisches Gleichge-
wicht herstellen. Seit Tagen freut er sich auf
das Treffen mit Jane. Nach langer Zeit hat
sie ihn angerufen und besorgt nach seinem
Befinden gefragt. Die ehrgeizige Mittdreißige-
rin aus London ist oberflächlich gesehen nur
eine Mitläuferin in Kenans Berliner Clique
gewesen. Doch Kenan hat Jane in ihrer auch
introvertierten Schönheit immer sehr ge-
schätzt. Jenseits ihrer ausgeprägten Lust an
Rausch und Grenzüberschreitung nimmt Jane
ihre Lebenszeit als spirituelle Reise wahr. Sie
hat versucht, die Negativität aus ihrem Leben
zu verbannen und dabei auf Kenan immer
positive Energie ausgestrahlt. Allein dass sie
sich als Einzige der Clique nach dem über-
raschenden Tod seines Vaters gemeldet hat,
imponiert Kenan und macht ihn dankbar. Er
hofft, sie könne nach Tagen der tiefen Trau-
rigkeit wieder seine Fröhlichkeit wecken. Er
sehnt sich nach einer Normalität, die so nie
mehr möglich sein wird. Nach einem Neuan-
fang. Als Treffpunkt hat Kenan das Carbone,

ein italienisch-amerikanisches Restaurant im Greenwich Village, 181 Thompson Street vorgeschlagen. Die Lokalität ist eine Hommage an die großartigen italienisch-amerikanischen Restaurants mit exzellenten Weinen, die Mitte des 20. Jahrhunderts in New York prominent gewesen sind. Er hat wieder Lust auf Leben, Menschen, neue Erfahrungen.

Drei Stunden sind schon vergangen, als Jane zum ersten Mal lauthals lacht. Ihre Augen leuchten und lassen ihr hübsches, offenes und zartes Gesicht erst richtig zur Geltung kommen. Sie wirken wie verliebte Menschen, wo alles perfekt zu sein scheint. Gleichzeitig versuchen sie alles das auszublenden, was nicht in das perfekte Bild passt. Das funktioniert bei beiden gut, weil sie sich lange nicht gesehen haben. Sie sind allein gewesen, haben an anderen Orten gewohnt und sind auf ihre Art erwachsener als bei den Treffen in der Vergangenheit. Wenn Jane die Zuneigung Kenans nicht erwidert, wird er – wie viele seiner Freunde – sein Leben als Single planen.

Das hauchzarte Thunfisch-Carpaccio mit Chicorée vom Grill ist ein Genuss gewesen, gerade öffnet der Kellner die zweite Flasche Rotwein Barbera d'Alba aus Italien. Ruhig und emphatisch hat Jane Kenans Erinnerungen an seinen Vater zugehört. Andersherum hört Kenan mit großer Freude Janes Anekdoten über die neuesten Aktivitäten von ihren gemeinsamen Freunden: über Franziska, Janes ehemals engste Freundin, über Linda, der verwöhnten New Yorker Großstadt-Göre, die Kenan aus den Augen verloren hat, dann auch über die aktuellen Projekten von Marcel, dem immer etwas neben sich stehenden Schauspieler mit seinen vielen Gesichtern und Identitäten. Dem witzigen Künstler, dem  manchmal auch das Leben so entgleitet, dass er zeitweise zwischen Wahrheit und Lüge nicht mehr unterscheiden kann. Aber endgültig die Lachmuskeln der lustigen Partygesellschaft entkrampft hat Kenan und Jane die Geschichte von Hugo, dem Informatiker-Nerd. „Er hat eine ganz besonders heiße Applikation für das Handy entwickelt, so eine Art Clearingstelle für den Sexhunger zwischendurch…" Jane kann sich vor Lachen kaum halten. „Wenn du Lust hast, zeigt dir die App jemanden in deiner Nähe an, dem es genauso geht wie dir – mit allem Pipapo, Adresse, Nummer, Körpermaßen." „Na, das passt doch zu unserem Hugo", ringt sich Kenan mit Freudentränen in den Augen ein paar Worte ab und fügt, nachdem er sich beruhigt hat, ironisch leise, aber deutlich hinzu: „So etwas brauchen wir ja nicht." Jane grinst, öffnet einen Knopf in der Bluse und nimmt einen weiteren Schluck von dem köstlichen Tropfen. Kenan redet sich langsam frei und gewinnt auch seinen Spaß an geistreichen Pointen zurück. Je später der Abend wird und je mehr der Alkohol seine Wirkung entfaltet, desto mehr spürt er eine verloren geglaubte Ahnung von Glück. Zwischen Kenan und Jane steigt die erotische Spannung immer mehr. Sie entlädt sich in den Morgengrauen in den mondänen Räumen seiner Penthousewohnung. Leidenschaft und reine Lust lassen die beiden Körper sich ineinander verlieren. Rauschhafte Befriedigung an allen möglichen Orten in allen möglichen Stellungen, bis die Erschöpfung beide einschlafen lässt.

Dass sich etwas geändert hat, spürt Kenan direkt nach dem Aufwachen. Früher hat Kenan seine erotischen Eroberungen morgens nicht mehr lange sehen wollen. Wenn die Frauen aus der Tür gewesen sind, hat er durch- und aufgeatmet. Diesmal ist alles anders. Er streichelt den schönen nackten Rücken und weckt damit Jane. Sie lieben sich leidenschaftlich.

Kenan hat sich verliebt. Er liebt Janes Witz, ihr Einfühlungsvermögen, ihr ansteckendes offenes Lachen. Kenan schaut Jane gerne auf die Beine. Er ist von ihrem Gang beeindruckt – sie bewegt sich wie eine Feder. Zart und leicht. Er liebt nicht zuletzt auch ihre Liebe zu ihm, er fühlt sich von ihr geschützt und verstanden. Kemal würde sie auch gefallen, da ist Kenan sich sicher. Wie lange sind ihm solche Gefühle fremd geblieben? Er will sie nun hegen und pflegen und nicht kaputtgehen lassen. Er will das Kribbeln lange spüren und alles dafür tun, dass die Intensität nicht nachlässt. Das Geheimnis einer stabilen Beziehung ist für Kenan, die richtige Balance zwischen Nähe und Distanz zu finden. Phasen des innigen Beisammenseins sollen sich mit Zeiträumen abwechseln, in denen beide mehr Abstand halten, damit sich die Beziehung erneuern kann. Kenan will deswegen auch allein wohnen. Er will vermeiden, dass weder seine noch Janes Persönlichkeit in einer gemeinsamen Wohnung beschädigt wird. Denn keine Beziehung ist perfekt, davon ist Kenan überzeugt, sie kann auch so funktionieren, dass beide sich in ihren Rückzugsorten wohlfühlen. Kenan will keine Jane mit niedergeschlagenem Blick oder schuldigen Tränen sehen. Leid und Selbstaufgabe haben in der modernen Liebe wenig Raum. Beide wollen, was ihnen guttut. Diese Freiräume wollen sie sich einräumen und Fehler ihrer Eltern vermeiden. Dafür wollen sie sich verabschieden vom süßen Versprechen der Auswahl. Sie wollen die Freiheit der Wahl künftig nicht mehr nutzen, nicht mehr nach dem Prinzip des Supermarktes vergleichen, sich für den besten Deal entscheiden. Sie wollen keinen Sex mehr als Konsum oder Kommerz, nach den Regeln des Marktes. Sie sehnen sich nach echter gemeinschaftlicher körperlicher Liebe. Und danach, nach gemeinsamer Zeit wieder ins Flugzeug in das eigene Leben zu steigen, um neue Lust aufeinander sammeln zu können. Zumal jeder von beiden in virtuellen Zusammenhängen lebt, in denen man nirgendwo allein sein muss, wenn man nicht will. Ein Leben jenseits des Funklochs.

Kenan will glücklich sein und kein Risiko einge-
hen. Ein Widerspruch. Er weiß auch, dass jede
Liebe im Kern eine Unsicherheit trägt. Heute ist
er davon überzeugt, dass keiner wirklich glücklich werden kann, ohne das Risiko einzugehen,
furchtbar verletzt zu werden.

Kenan hat sich oft gefragt, ob Kemal jemals wirklich glücklich gewesen ist. Er glaubt es nicht
wirklich. Aber er will seine Liebe jetzt bewusst
als Geschenk im Hier und Jetzt genießen und es,
auch das ist neu, seiner Umgebung offen zeigen.
Jane und Kenan haben sich entschlossen, die alte
Berliner Clique zu einer großen Sause im New
Yorker Liebesnest einzuladen und damit die Liebe
in gewisser Weise öffentlich zu machen.

„Juhu!", Jane sitzt vor ihrem Rechner und stößt
einen spitzen Freudenschrei aus. „Franziska
hat auch zugesagt." Sie rennt auf Kenan zu und
umarmt ihn. „Ich freue mich so, alle wiederzu-
sehen. Das wird so ein unvergesslicher Abend
für mich, für dich – und für uns." Sie blickt ihm
zärtlich in die Augen und gibt ihm einen Kuss.
Seit Wochen organisiert Jane über Facebook das
Treffen über alle Kontinente hinweg. Sie hat eine
eigene Gruppe eingerichtet, in der sie regelmäßig

miteinander kommunizieren, Anreisemodali-
täten regeln und sich auf die gemeinsame Zeit
einstimmen. Während Jane virtuell die Freunde zusammenführt, kümmert sich Kenan um
die faktischen Rahmenbedingungen der Feier
in seinem Heim. Das Beste ist ihm gerade gut
genug. Mit der norwegischen Jazzsängerin
Silje Nergaard hat er einen ganz besonderen
Musikact gewinnen können. Und das Essen
zubereiten soll der spanische Spitzenkoch der
Extraklasse Ferran Adrià Acosta.

Besseres Wetter hätten Jane und Kenan nicht
bestellen können. Es ist ein klarer schöner
Sommertag. Der Blick von dem Balkon auf das
Häusermeer der Stadt ist betörend schön. Die
nach und nach eintrudelnde Partygesellschaft
nippt an ihren Champagnergläsern und ist
sichtlich beeindruckt. „Hast es schon sehr
gemütlich hier, muss ich schon sagen", lacht
Hugo Kenan an und legt ihm freundschaftlich
den Arm um die Schulter. „Auch wenn du ja
in nächster Zeit vielleicht anbauen musst.
Habt ihr eigentlich schon ein Kinderzimmer
ausgesucht?" Kenan zieht in bester Roger-
Moore-Manier die Augenbrauen nach oben
und sagt nur ein wenig gelangweilt: „Ach, was

du wieder redest." Hugo lässt sich aber nicht aufhalten: „Wer hätte das gedacht, dass unser Schwerenöter einmal so verbürgerlicht. James Bond ist auch nicht mehr das, was er einmal war." Hugo prustet in sein Glas. Kenan lacht heiter mit, meint es aber mit seiner Antwort durchaus ernst: „Ach was, ich bin der Alte geblieben, nur eben einer, der jetzt wirklich einen Mensch liebt. Keine Angst, das Leben ist noch nicht zu Ende." Kenan nimmt einen Happen von dem köstlichen Lachs-Focaccia mit Mascarponecreme, das seinen Teller ziert, und blickt zufrieden in die Runde. In einer Ecke haben sich Jane und Franziska verkrochen und haben sich für jeden ersichtlich sehr viel laut und gestenreich zu erzählen. Auch Franziska hat inzwischen ihr Medizinstudium beendet und ist durch ihre Tätigkeit bei „Ärzte ohne Grenzen" viel in der Welt rumgekommen.

Die Wiedersehensfreude ist überall groß. Jane hat sich in der Küche festgequatscht. Kenan erkennt Marcel und fällt ihm um den Hals. „Mensch, du alter Verstellkünstler, wie schön, deine Visage wieder zu sehen, wie bist du denn heute unterwegs." Kenan freut sich sehr, das Sorgenkind der Clique, den langjährigen Drogenkonsumenten so offensichtlich stabil und wohlgebräunt vor sich zu sehen. „Ach, ich bin bisexuell wie immer und komme mit meinen Lebensfluchten immer besser zurecht“, spöttelt Marcel gutgelaunt. „Aber im Ernst: Seit einigen Monaten habe ich ein festes Engagement im Istanbul Theater, Sanat Odası. Da kann ich mich richtig austoben. Das macht riesig Spaß.“ Kenan: „Dass du jetzt auch so einen richtigen Rentenarbeitsplatz hast, ist ja nun wirklich ein Witz.“ Er grinst über beide Ohren und zieht Marcel rüber zur gut sortierten Bar, wo die Alkoholbeauftragten auch die ausgefallensten Wünsche zu erfüllen suchen. Beide stoßen standesgemäß mit einem Wodka Martini an. Es sollte nicht das letzte erfrischende Kaltgetränk dieses Abends werden. Je später der Abend, desto ausgelassener die Stimmung, desto schwärzer der Humor. Keiner hat bei den Gesprächen große strategische Hintergedanken im Kopf – wie so oft bei als Feiern getarnten internationalen Netzwerkpartys mit Kärtchen an den Jackets, die alle Partygäste so gut kennen und hassen. Wie schön dagegen für die Clique, einfach zu trinken, es sich gut gehen zu lassen

und vielleicht sogar mal peinlich zu sein – alle
freuen sich, einen authentischen Abend ver-
leben zu können.

Die laute Fröhlichkeit weicht nur dann einer
fast andächtigen Stille, als die einzigartige
Stimme der norwegischen Starsängerin den
Raum erfüllt. Jane legt den Kopf auf die Schulter von Kenan. Sie spürt, wie er Gänsehaut
bekommt. „Ich bin glücklich", flüstert Kenan
Jane leise ins Ohr. Magie liegt in der Luft.

„Was für ein unglaublich schöner Abend."
Jane tänzelt vergnügt und leicht durch ein
Meer von Konfetti und leeren Champagner-
eimern. Gerade haben die beiden die letzten
Gäste verabschiedet. Am Horizont erwacht
ein neuer Tag. Jane nimmt zwei Gläser und
eine angebrochene Champagnerflasche in die
Hand und geht auf den Balkon. „Kenan, lass
uns noch einmal den Augenblick genießen.
Wer weiß, wie lange wir das noch können?".
„Ach, du, wie kommst du denn auf sowas."
Kenan umarmt sie zärtlich. Beide blicken
schweigend auf die erwachende Stadt. „Du
Kenan", unterbricht Jane die glückliche Stille,
„jetzt ist, glaube ich, der richtige Zeitpunkt."

Sie räuspert sich. „Ich werde in der nächsten Zeit nicht mehr Alkohol trinken dürfen. Auch dein Leben wird sich ändern. Grundlegend. Du wirst Vater.“ Jane lächelt ihn erwartungsvoll an, was sich schnell ändert, als sie den Schrecken in Kenans Gesicht wahrnimmt. „Das ist jetzt ein Scherz“, stammelt Kenan plötzlich völlig nüchtern vor sich hin. Er reißt sich los von ihr und beginnt zu zittern. „Nein, nein, nein, du spinnst wohl, willst mich wohl in eine Falle locken, einsperren, aber nicht mit mir.“ Wie von Sinnen schreit er in die Nacht, stolpert in die Wohnung, wirft sich hektisch die Jacke um, während er einige Teller auf den Boden wirft. „Ich bin dann mal weg“, ruft er ihr lauthals auf den Balkon hinterher und schmeißt die Haustür zu. Plötzlich ist es gespenstisch ruhig.

Jane hat den surrealen Auftritt ungläubig und mit offenen Augen ohne jede äußere Regung verfolgt. Sie ist wie gelähmt. Binnen Sekundenfrist ist aus einem romantischen Traum ein Albtraum geworden. „Bitte nicht“, stammelt Jane und lässt sich kraftlos auf den Boden fallen. Ihr rollen Tränen über die Wange, als sie sanft über ihren Bauch streichelt.

Sie wartet verzweifelt, bis sie am Morgen in einen unruhigen Erschöpfungsschlaf fällt.

Derweil verirrt sich Kenan in den New Yorker Straßen. „Papa, gib mir Kraft. Wie werde ich fertig mit allem? Können wir uns nicht noch mal sehen im Hier und Jetzt? Wie kann ich die Fäden meines Lebens wieder in die Hände bekommen?" Kenan läuft an hohen grauen Häuserschluchten vorbei. Er sieht ein paar Nachtschwärmer und gleichzeitig wirkt die Straße in der Dunkelheit und Lautlosigkeit wie ein Geisterort. Kenan erkannt aus der Ferne einen Krankenwagen und hört die Sirenen. Kerzen in Wohnungsfenstern und das blaue Blinken von Polizeiautos sind das einzige Licht. Ampeln laufen nicht mehr. Kaum Fahrradfahrer. Einige apfelgrüne Hybrid-Taxis und vereinzelt gelbe Flitzer fahren an Kenan vorbei. „Oh, New York soll wohl eine umweltfreundliche Stadt werden", scherzt er vor sich hin. Das stundenlange Gelaufe hat den Gefühlshaushalt von Kenan stabilisiert und lässt ihn wieder zur Ruhe kommen. Klares Denken gewinnt langsam wieder die Oberhand. Er schmunzelt, als er den Müll auf den

Straßen und U-Bahn-Schächten liegen sieht. Kenan spürt einen beißenden Geruch.

Der Wolkenkratzer von Goldman Sachs auf dem West Side Highway wird erleuchtet, was für Kenan eine spezielle Aura hat. Bei Kenan spielt sich ein Kopfkino ab: Er erinnert sich an die Reise mit seinem Vater durch New York. Attraktionen wie die Freiheitsstatue, das Empire State Building und der Central Park sind Orte gewesen, wo beide auch viel gelacht haben. Heute wirken die Orte wie Illusionsmaschinen, sie haben für Kenan nicht mehr die Bedeutung wie in den Jahren zuvor. „Ach, Zeit und Raum verändern unsere Gefühle. Ich will dir aber nicht zu dicht auf die Pelle rücken", redet er mit sich selbst und schaut in den Himmel. Gespräche mit seinem Vater sind wie Fenster in die Welt, gegen die er sich als Schriftsteller stemmt, um ein Ich zu bleiben. Er hat für seine Bücher einen Ton gefunden, auf eine ganz gegenwärtige Art über Menschliches zu schreiben, als Alevit von den Ereignissen zu sprechen, glasklar in den Gefühlen. Das ist ihm in den jungen Jahren im eigenen Leben nicht leicht gefallen. Überall lauern Quellen des Scheiterns: zu viel Sentimenta-

lität – oder auch das Baden im eigenen Leid.
All das vermeidet Kenan bei seiner Arbeit,
aber auch im Gespräch mit seinem verstorbenen Vater. „Papa, wir beide halten nichts von
Sentimentalität, aber viel von Engagement
und Verantwortung. Du warst ein guter Vater
– und ich will es werden“, spricht sich Kenan
Mut zu. „Meine gesunde Skepsis, Leidenschaft und visionäre Kraft habe ich von dir.
Eigentlich freue ich mich, dass ich bald Vater
werde und Jane meine Ehefrau. Ich kann es
nur nicht in Worte kleiden.“ Viele Stunden
sind vergangen, als er zu Jane zurückkehrt.
Ohne viele Worte fällt Kenan Jane um den
Hals. Wortlos halten sie sich minutenlang fest.

Wenige Tage später sind Jane und Kenan
in Berlin und fahren gemeinsam zum Arzt.
Für Kenan ist das Programm so ziemlich das
Sonderbarste, was er in seinem Leben auf
einem Bildschirm bisher gesehen hat. Wie
gebannt starrt er auf das unscharfe schwarz-
weiße Bild, das über den Ultraschallmonitor
flimmert. „Inzwischen hat sich ein so großes
Fruchtwasserpolster um ihr kleines Kind
gebildet, dass sich nun sichtbare Strukturen
abzeichnen“, spricht der Gynäkologe ruhig

und routiniert auf Kenan ein, während er mit einem scannerähnlichen Gerät über den nackten Bauch von Jane streicht. „Da, Kenan, siehst du es, unser Baby reibt sich die Nase." Jane zeigt aufgeregt mit dem Finger auf den Bildschirm. Und tatsächlich, mit ein bisschen Phantasie erkennt Kenan einen kleinen Kopf und eine Hand. Dazu etwas Fingerartiges, was sich an einem Gesicht zu kratzen scheint. Er grinst und streicht unbewusst mit einem Finger an seiner Nase herum. „Ja, ja", murmelt er verlegen. „Leider kann ich das Geschlecht nicht erkennen, weil er oder sie sich immer wegdreht", lässt sich der Doktor in seinem Vortrag nicht beirren. „Aber alles ist in bester Ordnung, machen Sie sich beide keine Sorgen." Mit einem freundlichen Lächeln verabschiedet er das Paar aus seiner Praxis.

Erleichtert und eng umschlungen verlassen Kenan und Jane die Frauenklinik der Charité. Ruhig und in sich gekehrt beobachten beide das emsige Treiben in der Luisenstraße. Menschenmengen hetzen ungestüm aneinander vorbei. Großstadtlärm. „Ich mag die Geschwindigkeit, die urbane Gier nach dem Neuen und dem noch nie Dagewesenen. All

das, was sich hinter dem Begriff Kultur ver-
steckt. Ja, eine große Stadt. Hier soll also mein
Kind zu Hause sein", denkt sich Kenan, als
er an der Ampel an der Friedrichstraße steht
und stumm den Verkehr an sich vorbeiziehen
lässt. „So, jetzt, vorsichtig", flüstert er Jane
leise zu, als die Ampel auf Grün springt. „Unserem Kind zuliebe." Er lächelt Jane vertraut
zu. Er hat die neue Situation akzeptiert, ohne
ihre weitreichenden Dimensionen wirklich
schon erfassen zu können. Er ist stolz darauf, Vater zu werden und Verantwortung zu
übernehmen, einen neuen Menschen in das
Leben zu begleiten. Auch Kemal wäre stolz
auf ihn gewesen, auf seine Entscheidung, da
ist sich Kenan sicher. Seine Gefühle für Jane
sind ehrlich und rein, aber letztlich sieht es
Kenan vor allem als einen Erbauftrag an, eine
Familie zu gründen. Die familiäre Linie soll
weitergeführt werden. In dem Bewusstsein
ist Kenan erzogen worden. Plötzlich scheinen
sich ihm die Brüche der letzten Zeit wie von
unsichtbarer Hand gelenkt wundervoll zu
einem harmonischen Ganzen zu fügen. Der
Tod seines Vaters und die anstehende Geburt
seines Kindes als die beiden Seiten der einen
Medaille, die da Leben heißt. Ende und An-

fang – Tod und Wiedergeburt. Mit dem Kind lebt nicht nur er, sondern auch sein Vater weiter. Dieser Gedanke macht Kenan sehr glücklich. Und wenn schon verbürgerlichen, dann richtig. Er will Jane heiraten und seinem Kind einen festen Rahmen bieten – wie er es von seinem Vater gelernt hat.

„Du weißt gar nicht, wie sehr ich mich gefreut habe, als ich davon gehört habe." Zuhal kullern die Freudentränen über die Wange, als sie ihren Sohn zum ersten Mal in Berlin wieder in die Arme schließt. „Was für eine schöne Nachricht." Ihre Augen strahlen, ihr Gesicht, ihre ganze Erscheinung wirkt erholt, wie ausgewechselt. Auch Zuhal hat einen großen Anteil daran, dass Kenan sich für die Familiengründung entschieden hat. Er hat sie angerufen, als er mit Herzrasen durch New York gestolpert ist. „Du Mama", hat er ins Telefon gefleht. Und er ist berührt von der euphorischen Reaktion seiner Mutter gewesen. Ihre Stimme ist warm gewesen, als er zitternd die spektakuläre Nachricht überbracht hat. Er hat gespürt, wie er auch seiner Mutter Glück spenden kann. Zuhal ist es auch gewesen, die darauf gedrängt hat, sich in Berlin das Famili-

ennest zu bauen. Auch sie hat ihre Omaschaft
zum Anlass gekommen, sich wieder ein neues
Leben in der Villa in Zehlendorf einzurichten.
Zumal die alevitische Trauerphase auch vorbei ist. In Berlin soll sich die junge Familie um
Kenan und Jane neu finden. Kenan will auch
den Geist seines Vaters weiterleben lassen.

Das gemeinsame familiäre Glück verteilt sich
allerdings auf verschiedene Orte. Berlin ist
das Zentrum, aber es ist zweigeteilt. Zuhal
hat die beiden zu überreden versucht, in ihr
großzügiges Anwesen gemeinsam einzuzie-
hen. So könne sie auch ihre Pflichten als Oma
wahrnehmen und die junge Mutter entlasten.
Argumente, die Jane einleuchten, die sie aber
nicht davon abbringen, ein eigenes Zuhause
von Grund auf neu aufzubauen. Nicht allzu
weit von der altfamiliären Villa hat sie sich in
einem gutbürgerlichen Viertel in Charlotten-
burg einen großzügigen, charmanten Loft gekauft und mit der Hilfe von Freunden modern
eingerichtet. Dem Nachwuchs soll es auch
ästhetisch an nichts fehlen. Im Schlafzimmer
steht ein überdimensioniertes Futonbett mit
hochelastischem Naturkautschuk, das aber
oft allein von Zuhal benutzt wird. Denn Kenan

betrachtet die Wohnung zwar als ihr gemeinsames Zuhause, hat aber durchgesetzt, gleichzeitig in New York sein eigenes Apartment zu behalten. Die Notwendigkeit, schnell und flexibel auf Arbeitsanforderungen reagieren zu müssen, hat ihn zu dieser Entscheidung förmlich gezwungen. Die aber Kenan vor allem auch davon entlastet hat, Jane allzu offen sagen zu müssen: „Ich brauche ein Leben jenseits unseres gemeinsamen Glücks." Ohne es eindeutig aussprechen zu wollen, bietet New York Kenan einen Raum, der ganz frei von den neuen Einschränkungen ist und seinem Leben auch die Möglichkeit des Andersseins erhält. Kenan hätte es so nie ausgedrückt, aber es ist ein Ausdruck seines Lebensstils: Die Wohnung ist auch eine Art Notausgang.

Jane und Kenan freuen sich auf die baldige Hochzeit. Sie gilt beiden auch als einer der wichtigsten Tage in ihrem Leben. Das Fest ist jedoch auch eine Herausforderung. Zwei Menschen wollen sich das Ja-Wort geben, die aus unterschiedlichen Kulturen stammen, andere Traditionen kennen. Mit ihrer standesamtlichen Trauung und Hochzeit verschmelzen gleichzeitig jeweils zwei Kulturen und Religionen: Janes protestantisch-anglikanische und Kenans alevitische Herkunft. Das wissen beide sehr genau.

Sie bringen ganz unterschiedliche Bräuche und Gewohnheiten mit. Die türkische Tradition, das Brautpaar während der Hochzeit mit Gold zu behängen, lehnt Kenan ab. Eine traditionell türkische Hochzeit mit bis zu tausend Gästen wollen Jane und Kenan ebenso nicht. Sie wollen im kleinen Kreis der Familie und guten Freunden gemeinsam feiern. Anders als auf türkischen Hochzeiten haben sie keinen Bedarf an großen althergebrachten Tanzeinlagen und auch üppige Festmähler sind eher selten. Beide sitzen mit ihren Familienangehörigen und Freunden an einem langen Tisch – und alle genießen ein Fünf-Gänge-Menü. Gleichzeitig können sich die Gäste ebenso am Buffet bedienen. „Wir sind in Berlin und nicht Istanbul, New York oder London. Wir schaffen uns eine neue Kultur", sagt Jane und schaut Kenan an. Er nickt ihr lachend zu.

Jane und Kenan achten aber ebenso darauf, dass die Bräuche und Traditionen des jeweils anderen berücksichtigt werden. Es gibt kei-

nen Hochzeitswalzer, dafür tanzen sie ein
wenig aus Spaß wie die drehenden Derwische
des Mevlevi-Ordens in der Türkei. Jane und
Kenan animieren die Gäste kurz auf die Tanz-
fläche zu kommen. Den Wunsch schlägt keiner ab. Kenan nippt noch an seinem Weinglas,
während Jane sich ein Schluck Wasser gönnt.
Sie zückt aus ihrer Tasche ein Tuch hervor
und spielt einen orientalischen Schleiertanz
vor. Kenan hingegen holt seine Geige und begleitet sie musikalisch. Auch er ist passionier-
ter Violinist – wie sein Vater Kemal.

Kenans alevitischen Freunde aus Berlin haben
sich das Büffet mit seinen vielfältigen Fleisch-
spezialitäten schmecken lassen. Nur wenig
blieb auf den Tellern übrig. Einige christliche
Gäste von Jane haben mit großen Augen und
sichtlich irritiert verfolgt, wie sie genüsslich
die herrlichen zarten Schweinefilets genos-
sen haben. „Die Aleviten halten sich nicht so
streng an die Weisungen aus dem Koran“, hat
Jane auf die fragenden Blicke ihrer Freunde reagiert. Einer von Kenans Freunde hat
die Szene beobachtet und lachend ergänzt.
„Schweinefleisch ist nicht verboten, auch
der Verzicht auf Alkohol ist für uns Aleviten

kein Muss." „Aleviten – aha." Kenans Freund, der als Lehrer arbeitet, schaltet sich in das Gespräch: „Ja, Aleviten, das wissen noch zu wenige, sind als islamische Religionsgemeinschaft in Deutschland anerkannt. Ich gebe in Berlin-Kreuzberg alevitischen Religionsunterricht, was in der Türkei unmöglich wäre. Dort sind wir nämlich nicht anerkannt, die Cem-Häuser haben in der Türkei nicht den rechtlichen Status einer Gebetsstätte wie Moscheen, Kirchen und Synagogen." Sein Nachbar ergänzt erregt: „Eine echte Trennung von Staat und Religion hat es in der Türkei noch nie gegeben, genauso wenig hat jemals Gleichheit vor dem Gesetz für alle Glaubensgemeinschaften existiert." Der Lehrer nickt kurz und fährt fort: „Schikanen wie beispielsweise im Jahr 1993 eskalierten sogar bis zu einem Mordanschlag. Damals starben bei einem Brandanschlag auf das Madımak-Hotel in der türkischen Stadt Sivas über 30 Menschen alevitischen Glaubens. Schriftsteller, Dichter und Künstler, wie beispielsweise Muhlis Akarsu, Nesimi Çimen, Asaf Koçak, Hasret Gültekin. Der prominente Autor Aziz Nesin hat mit Verletzungen den Anschlag überlebt. Ein fundamentalistischer Mob steckte das

Hotel in Brand. Die Polizei stand nur dabei und ließ den Mob gewähren. Die Intellektuellen verbrannten bei lebendigem Leibe. Noch immer werden Aleviten von der sunnitischen Mehrheit der Muslime in der Türkei diskriminiert." „Das ist ja ganz schrecklich, woran liegt denn das? Sind Aleviten denn keine Moslems?", fragte Janes Freundin ganz neugierig. „Das ist eine lange und schwierige Geschichte. Wir Aleviten haben eine eigenständige Glaubenslehre. Keine Scharia. Essen eben auch Schweinefleisch und alevitische Frauen tragen auch kein Kopftuch. Aleviten legen den Koran nicht wörtlich aus, sondern suchen nach verborgenen Bedeutungen hinter den Offenbarungen. Der Glaube beinhaltet, sich von allen Äußerlichkeiten zu trennen und dadurch zur verborgenen Wahrheit durchzudringen. Sie beten nicht in der Moschee, sondern wann und wo sie wollen. Kurzum: Aleviten glauben nicht an die fünf Säulen des Islam. Von orthodoxen Muslimen werden sie oft als Häretiker bezeichnet. Unsere alevitischen Vorfahren haben wegen dieses Andersseins viel Leid erlebt. Pir Sultan Abdal ist ein Vorbild für Aleviten. Der legendäre Volksdichter und Freiheitsheld hat im alevitischen

Glauben aus dem 16. Jahrhundert Aufstände für Gerechtigkeit und Glaubensfreiheit gegen die osmanische Herrschaft angeführt und wurde deshalb hingerichtet. Aber lasst uns auch über andere Dinge reden und nicht zu viel über Politik. Wir sind heute hier, um zu feiern und fröhlich zu sein." Janes und Kenans Freunde heben die Gläser und prosten sich zu. „Auf das Brautpaar." Unter lautem Gejohle geben sich Kenan und Jane einen Kuss. Der Alkohol fließt.

Die Feierlichkeiten sind in Wirklichkeit für Jane nicht ganz so feucht-fröhlich wie für die meisten Gäste. Hochschwanger ist sie gleichzeitig der Mittelpunkt und auch der eigentliche Zweck der Feier, um ausschweifend sich amüsieren zu können. Doch die Gesundheit des Babys ist zu wichtig. Als die Gäste noch ein wenig das Tanzbein schwingen, begleitet Kenan sie vorsichtig nach draußen, wo sie mit Zuhal ein Taxi nimmt. Sanft streichelt er noch ihren Bauch, bevor er die Tür des Autos vorsichtig schließt. Natürlich soll das Kind vor allem gesund sein. Aber Kenan hat sich doch sehr gefreut, als die Aufnahmen untrüglich die Gewissheit gegeben haben: Das Baby wird ein Junge werden. Auch sein Name ist schnell gefunden: Yunus soll der Stammeshalter heißen. Ein Name, auf den sich Kenan, Jane und Zuhal sofort einigen können. „Vielleicht wirst du auch mal ein wichtiger Dichter – wie dein Namensvetter Yunus Emre", sagt er und schaut verträumt auf die Aufnahmen.

Was früher für Kemal unvorstellbar gewesen wäre, ist für Kenan nun das Normalste der Welt: Er sieht mit eigenen Augen, wie Jane nur wenige Tage später Yunus blutüberströmt in diese Welt drückt. Er hört die ersten Schreie des Kleinen, sieht zu, wie die Ärztin vorsichtig die Nabelschnur abtrennt, sieht, wie seine Jane glücklich, aber erschöpft ins Kissen fällt. Als ihm zum ersten Mal das kleine Geschöpf in den Arm gelegt wird, zittern ihm die Hände. Voller Blessuren der kleine Kopf, die Hände so klein wie Streichhölzer, verströmt dieses Wesen doch eine Wärme, die Kenans Herz wild klopfen lässt. Er will ihn gar nicht mehr loslassen. Er will ihn schützen und vor allem Unbill dieser Welt bewahren, was er sich schwört. „Guck mal, Jane, seine Augen sind noch schwarz." Beseelt lächelt

Kenan seine aufgelöste Gattin an. „Das haben wir toll gemacht.“

Er ist glücklich. Auf dieser Woge des Glücks bewegt sich Kenan auch die nächsten Tage, die nächsten Wochen. Er kann sich nicht sattsehen an Yunus, ihn stört es nicht, wochenlang zu Hause zu bleiben und keine Nacht mehr richtig durchzuschlafen. Noch vor Jane ist er am Bettchen und registriert besorgt jedes Bäuerchen. Präzise kann Kenan auch über Strategien des schnellstmöglichen Windelwechselns dozieren und stellt stundenlang tiefsinnige Interpretationen zu den Bedeutungen von Yunus' ersten Lauten auf. Jane lacht oft, wenn sie Kenan mit Yunus reden hört. Aus einem Abenteurer scheint ein Hauswissenschaftler geworden zu sein. So sehr Kenan früher nicht genug über die Männer mit Babytragetüchern spotten und sich über das „Wickelvolontariat“ seiner Geschlechtsgenossen amüsieren hat können, mit so viel Selbstbewusstsein trägt er nun seinen Sohn in seiner Umgebung spazieren. „Seht her, an uns wird keiner vorbeikommen“, so will er wahrgenommen werden.

„Und jedem Anfang wohnt ein Zauber inne,
der uns beschützt und der uns hilft, zu leben."
Kenan ist sicher, erst jetzt die berühmten
Verse von Hermann Hesse begriffen zu haben,
ja sie nun wirklich fühlen zu können. Aber
er weiß auch, dass er die Zeit nicht anhalten
kann. Dass der Wandel das einzig Beständige
im Leben ist.

Als die Elternschaft zum Alltag wird, wird
für Kenan aus Lust vielfach Last. Immer öfter
gibt Kenan entnervt das schreiende Kind
Jane in die Hand. „Ich habe zu tun", lautet der
Standardsatz. Hat er in der Anfangszeit nicht
schnell genug vom New Yorker Schreibtisch
wegkommen wollen, passiert es jetzt auch
mal, dass er am Wochenende in Big Apple
bleibt. Es wären noch so viele Sachen auf dem
Schreibtisch abzuarbeiten, sie solle den Kleinen von ihm küssen, Zuhal hätte bestimmt
Zeit und Lust, ihn zu entlasten. Um Erklärun-
gen und Ausflüchte ist Kenan nie verlegen,
und er muss noch nicht einmal lügen. Kenan
genießt die Ruhe in seinem New Yorker Ap-
partement, die Möglichkeit, nichts teilen zu
müssen und seinen Lebens- wie Arbeitsalltag
ganz nach eigenen Vorstellungen bewältigen

zu können. Seit Wochen ist er mit Hugo, dem Computerspezialisten, dabei, ein neues Content-Management-System zu entwickeln, das den Weltmarkt revolutionieren soll. Aus der bedrohlichen Enge der Berliner Gemütlichkeit ist wieder der alte größenwahnsinnige Traum von der Weltherrschaft, aus dem Neubodenständigen wieder der Überflieger Kenan geworden, für den nur der Himmel die Grenze sein kann. Karriere und Familie, beides will Kenan unter einen Hut bringen. Aber wenn er morgens in den Spiegel schaut, sieht er vor allem einen Menschen, der statt in die warme Geborgenheit sich wieder mehr zum ungewissen Abenteuer hingezogen fühlt. Zumal es inzwischen nicht nur den Arbeitsfreund, sondern auch den begehrenswerten Mann Hugo gibt. Kenan entdeckt seine Bisexualität nicht neu, doch lebt er nun auch offen seine Lust an männlichen Körpern aus. Dabei geht es auch unbewusst um eine Auseinandersetzung mit seiner Vergangenheit und ebenso seinem Vater. Vor Kemal hat Kenan diese andere Seite seiner Sexualität immer verleugnet. Eine Offenbarung wäre einem Tabubruch gleichgekommen, hätte sogar die Enterbung bedeuten können. Und das wäre das Letzte gewesen, was Kenan riskiert hätte.

In gewisser Weise hat Hugo am Anfang des tragischen Streits von Kenan mit Kemal gestanden. In einem der wilden Nächte im Berliner Technopalast Berghain haben beide vor langer Zeit einmal ausgiebig miteinander geknutscht, ohne dass sich Kenan darüber viele Gedanken gemacht hat. Unmittelbare Konsequenzen in seinem Handeln hat dieses Ereignis für Kenan nicht gehabt. Rauschhafter Überschwang des Augenblicks, so hat er das lange gesehen. Wie das Geschehen Kemal zu Ohren gekommen ist, weiß er bis heute nicht. Aber Kenan ist selbst über die intensiven Gefühle erstaunt gewesen, mit denen er auf die neugierige Fragerei seines Vaters reagiert hat und die dann so eine fatale Eigendynamik angenommen haben. Er weiß seitdem mehr über seine Gefühle, explizit über seine erotischen Gefühle, die eben auch den Männern gelten. Wenn er sich nach intensiver Arbeit an den Rechnern erschöpft zur Ruhe legt, spürt er gerne Hugo neben sich. An die so andersartige Körpererfahrung mit Hugo hat er sich nicht nur gewöhnt, er glaubt, es auch zu brauchen. Ob es Liebe ist? Wohl nicht. Ob es Sehnsucht ist? Mit Sicherheit. New York wird für Kenan zum Kontrapunkt zu Berlin, ein Ort für die andere Seite seines Ichs.

Für Kenan rennt die Zeit, sie drängelt; nicht wie in einer anderen Lebensphase in Berlin, wo sie nicht vergeht oder einfach nur vor sich hinkleckert. Mit Hugo verfliegt sie schnell – ein ungewohntes Tempo für ihn. Bei seinen mentalen Zeitreisen versteht Kenan seine eigene Position im Hier und Jetzt. Im Selbstgespräch kommen gleichzeitig grundsätzliche Zweifel an seinem Leben hoch: „Bin ich in Wirklichkeit gescheitert? Welche Ideale bleiben, wenn einer der wichtigsten Menschen im Leben stirbt? Welche Ziele können mich anstacheln? Und wofür lohnt es sich im Leben zu kämpfen?" Für sein Kind würde er alles geben, wohl auch sein Leben. Aber sonst? Im Moment hat Kenan keinen Kopf für Antworten. Stattdessen lässt er sich treiben nach dem Motto: „Das Leben geht weiter". Ein mögliches Scheitern ist für Kenan immer nur eine Art Vorstufe zum Erfolg. Er testet stets die Grenzen seiner Möglichkeiten. Das hat Kenan von seinem Vater übernommen. Er ist in vielen Dingen desillusioniert, was aber nicht zwangsläufig zu einer Entzauberung seiner eigenen Welt führt, vielmehr fühlt er dadurch einen inneren Frieden mit sich und seiner Umwelt. Seine osmotischen Stimmungsaufnahmen überkommen ihn regelmäßig seit seiner Kindheit.

Mit Hugo erfüllt sich Kenan seine Neugier nach dem Neuen und dem Unerwarteten. Doch bleibt er auch in New York immer der moderne Familienmensch. Fast täglich telefoniert er mit Jane. Er kennt jeden notwendigen Impftermin seines Sprösslings und will über alles Bescheid wissen. Wenn Kenan von seinem Designerstuhl aus unruhig das Familienleben in Berlin dirigieren will, darf Hugo nicht im Zimmer sein. Hugo macht in dieser Zeit oft einen Spaziergang. Manchmal fühlt er Wutgefühle in sich aufsteigen, aber offen zeigen will er sie nicht. Kenan hat einen Geliebten, Hugo ist verliebt.

Über die Situation wird zwischen den beiden nicht offen gesprochen, auch bleibt Kenan gegenüber Hugo sehr wortkarg, was sein Leben in Berlin angeht. Nur einmal macht er eine Ausnahme. Völlig aufgelöst hat Jane Kenan mitten in einer Arbeitssitzung angerufen und ihm atemlos über seine Mutter ihr Leid geklagt. Verstört hat er von Jane erfahren, dass Zuhal Yunus im Kaufhaus kurzzeitig allein im Kinderwagen gelassen hat. „Ja, ist sie denn total irre geworden", hat Kenan geschockt ins Telefon geschrien. Besorgt hat er Jane zugehört, wie sich Zuhals Geisteszustand in jüngster Zeit merklich geändert hat. Ihre Konzentrations- und Merkfähigkeit habe offensichtlich abgenommen. Nicht nur, dass sie ihre Schlüssel regelmäßig verlege, auch ihre Hausschuhe habe sie vor kurzem im Kühlschrank gefunden. Dabei sehe Zuhal äußerlich gesund und munter aus. Kenan macht auch Jane Vorwürfe. „Du hättest doch auch einfach besser aufpassen müssen. Das geht so nicht." Spürbar verärgert spielt sie den Ball zurück. „Jetzt höre mal zu, mein Lieber. Ich habe den Vorfall mit Yunus und deiner Mutter gegenüber meinen Eltern sogar verheimlicht. Dabei musste ich lügen, damit sie sich keine Sorgen machen. Wenn du öfters hier zu Hause in Berlin wärst, wäre das sicher nicht so passiert. Weißt du eigentlich, wie viel wir hier jeden Tag organisieren müssen, um

Yunus zu versorgen und alles am Laufen zu halten. Ich habe mich freiwillig entschieden, die erste Zeit zu Hause zu bleiben und Mutter zu sein. Ich bin es gerne und aus vollem Herzen, bis Yunus aus dem Gröbsten raus ist. Ich liebe dich auch dafür, dass du mich in meinen freien Entscheidungen unterstützt. Aber ich möchte dann auch eines Tages wieder als Ärztin in einer eigenen Praxis oder im Krankenhaus arbeiten. Ich will ebenso Karriere machen. Und dann werden wir noch einmal neu reden, wie wir das mit unserem Kind zeitlich aufteilen. Du hast ein schönes Leben in New York - und ich schmeiße hier den ganzen Haushalt, immer geht das nicht so weiter. Du kannst dann auch mehr Verantwortung zeigen." Jane hat sich richtig in Rage geredet – und nimmt es dabei mit der Wahrheit nicht ganz so ernst. Kenan unterbricht Jane mit energischen Worten und versucht Ruhe zu stiften. „Ich arbeite hier vor allem hart, um Geld zu verdienen. Ehrlich. Ja, was die Zukunft bringt, das werden wir sehen. Ich könnte dann auch mal eine Auszeit nehmen und mich für eine gewisse Phase um Yunus kümmern. Im Moment kann ich es kaum erwarten, euch zu sehen." Als er das Gespräch

beendet, haben sich die Wogen wieder ge-
glättet. Zu sehr eint beide die Sorge um den
gemeinsamen Sohn und Zuhal. Die Neuigkei-
ten über seine Mutter beunruhigen Kenan
zutiefst. Aber nur wenige Stunden später hat
er das Unangenehme wieder verdrängt und
den Blick nach vorne gerichtet.

An einem schönen Sommertag gehen Kenan
und Hugo ins Café Manhattan in New York.
Beide schweigen und schauen sich wie Verliebte an. Sie küssen sich. Hugo trägt blaue
Chucks und eine enge Röhrenjeans, dazu
einen dicken Schlauchschal. Alles an seinem
Outfit ist aufeinander ungewohnt abge-
stimmt. Hugo spricht leise. „Nach meinem
30. Geburtstag habe ich beschlossen, offen zu
meiner Bisexualität zu stehen. Und du? Der
liebe Kenan beherrscht gleich mehrere Rollen,
die des erfolgreichen Journalisten aus einer
wohlhabenden Familie und neuerdings des
fürsorglichen Vaters. Ist auch unsere Beziehung nur eine Rolle für dich?" Mit seinen großen Augen schaut Hugo selbstsicher zu Kenan: „Du brauchst weder unsicher sein, noch
deine sexuelle Orientierung verheimlichen.
Das liegt in unseren Genen und jede Religion

muss das akzeptieren. Für Gott – falls es einen gibt – ist das selbstverständlich. Sei doch anders als die Muslime, die nicht zu ihrer Neigung stehen." – Kenan erwidert prompt: „Lass uns doch nicht streiten. Außerdem bin ich Alevit und die anderen Muslime interessieren mich nicht. Das ist bei dir anders", sagt er lachend. Doch Hugo hat einen wahren Punkt angesprochen, das weiß Kenan. Er will beides haben ohne jede Abstriche – Familie und Sex. Er will nehmen, was er nehmen kann. Ohne Schuldgefühle. Gerade darin sind sich Kenan und Hugo wesensähnlich. Beide denken ohne Kompromisse und Scheuklappen. Wenn sie Vorteile für sich erkennen.

Ein Mann in Wildleder-Pumps bückt sich einen Tisch weiter und streift seine Absatzschuhe ab, stellt sie ordentlich vor sich hin und läuft in Richtung Damentoilette. Kenan und Hugo schauen sich an und die ernsten Mienen verschwinden. Beide grinsen. Kenan überlegt einen Moment und ergänzt: „Am Anfang habe ich noch das Gefühl gehabt, dass wir etwas Falsches machen. Aber irgendwann habe ich gemerkt, dass wir unsere Gefühle einfach ausleben. Was meinst du?" – Hugo überlegt ein wenig und antwortet dann aber schnell: „Ich habe kürzlich auch einige Monate eine kurze Beziehung mit einer Frau gehabt. Sie ist Ärztin – wie Jane ebenso." Er lacht und redet weiter: „Dann habe ich mich auf Dating-Portalen wie ‚gayromeo' angemeldet, um einen Mann kennenzulernen. Kurze Zeit später habe ich mich nach ein paar Chats mit einem Amerikaner getroffen. Doch niemand kann dir das Wasser reichen. Lass das alles um uns herum vergessen." Beide feixen. Sie umarmen und knutschen sich – wie ein vertrautes Paar.

Kenan und Hugo verbringen viel Zeit zusammen in den nächsten Wochen. Sie verbringen oft viele Nächste gemeinsam. Am Morgen schweigen beide häufig. Stille kann Ruhe bedeuten oder Spannung. In der Stille zwischen Kenan und Hugo schwingt vieles mit: Entschlossenheit, Anklage, Trauer, Wut, Ratlosigkeit. Kenan denkt in diesen Momenten oft an Jane und sehnt sich nach dem strahlenden Lächeln von Yunus.

„Warum rennst du so schnell aus dem Bett?", will Hugo wissen. – „Hörst du das nicht. Das

Telefon klingelt", antwortet Kenan. „Hello, hello, hello. I hear nothing. Hello, my name is Kenan." – „ Telefonda annen. Şimdi beni duyuyor musun? Am Telefon ist deine Mutter. Hörst du mich jetzt?" – „Ah, Mama, du bist es. Wie geht's dir?" – „Ach, Kenan, ich hoffe, dir geht es gut. Mir geht es peu à peu schlechter. Ich schlafe seit Wochen fürchterlich. Deshalb werde ich bald zu einem befreundeten Arzt nach Zürich fliegen. Du sollst auf dem Laufenden bleiben. Kürzlich haben Jane und ich uns auch noch in die Haare bekommen. Details erzähle ich dir, wenn du wieder in Berlin bist." – „Mama, was ist los? Also gut, ich werde demnächst nach Berlin fliegen. Ich nehme morgen den nächsten Flieger nach Berlin." Kenan will seiner Mutter nicht erzählen, dass er schon im Bilde über ihre Probleme ist. Er will sie nicht kränken, zumal er so noch einmal Zeit zum Nachdenken gewonnen hat. Seine Laune ist im Keller.

Am folgenden Tag hat sich Zuhal fein gemacht, weil sie ihren Sohn erwartet. Sie hat sogar Kajal aufgetragen und trägt ihre blaue Bluse für besondere Anlässe. Plötzlich klingelt es an der Tür. Sie läuft – wie ein kleines

Kind – und öffnet die Tür. „Kenan, mein Sohn, ich bin wieder so glücklich, dich in meinen Armen zu halten." – „Mama, ich bin so schnell ich konnte nach Berlin geflogen und habe mir von Tegel ein Taxi geschnappt." Kenan schaut besorgt, aber einen Moment später huscht über sein Gesicht ein Lächeln. Er ist müde vom Flug. Kenan hebt die Reste welker Blumen kommentarlos vom Boden. „Was ist denn los gewesen mit Jane? Warum habt ihr euch in die Haare bekommen?" – „Das ist ein wenig kompliziert. Wir sind kürzlich gemeinsam auf einer Shopping-Tour gewesen. Sie hat Yunus dabei gehabt. Er entwickelt sich prächtig – er kommt ganz nach dir. Das nur nebenbei. Jane hat an dem Tag einen Arzttermin gehabt – und ich sollte auf Yunus aufpassen. Sie hat mich mit dem Kinderwagen allein gelassen. Dann sind Yunus und ich ohne Jane weitergezogen." Zuhal macht eine Pause und holt Luft. Kurze Stille. Dann beginnt Zuhal unter Tränen zu erzählen. „Ich habe den Kleinen, Yunus, im KaDeWe in der dritten Etage vergessen. Natürlich ohne Absicht. Ich bin manchmal einfach überfordert. So etwas wäre mir mit Kemal nie passiert. Alles ist anders. Als ich Jane davon erzählt habe, ist sie ausge-

flippt. Sie hat schrecklich geweint. Kurze Zeit
später hat sich ein Warenhaus-Mitarbeiter
gemeldet und hat über die Papiere im Kinderwagen die Rufnummer von Jane und mir gefunden. Dann ist Jane aus dem Raum gerannt
und hat die Tür hinter sich zugeschlagen. Wir
sind mit einem blauen Auge davongekommen
– und gleichzeitig sind wir glücklich, dass
Yunus weiterhin gesund ist.“

Zuhal ist überrascht, wie ruhig Kenan bleibt.
Sie hat schwere Vorwürfe von ihrem Sohn
erwartet. So sagt Kenan nur mit besorgter
Stimme: „Ich will mit dir auch nicht darüber
streiten. Mama, ich liebe dich.“ Er umarmt
seine Mutter und fügt hinzu: „Du solltest deine eigenen Grenzen ernst nehmen. Das, was
für dich wichtig ist, solltest du weiterhin tun,
aber was du denkst, tun zu müssen, das solltest du im Kopf streichen.“ – Zuhal antwortet
spontan: „Ja, ich will meine Konsequenzen
ziehen. Ich muss nachdenken.“ Kenan verabschiedet sich und verlässt die Villa.

Zuhal denkt über das Gespräch mit ihrem
Sohn nach. Sie schnappt sich das Telefon und
ruft den ihr bekannten Zürcher Psychiater an.

Sie erzählt ihm von dem Ereignis und erhält eine Rufnummer von einem Spezialisten in Zürich. Zuhal hat sich durchgerungen, eine Therapie zu beginnen. Sie hat bisher ihre Aussetzer immer gerne mit Stress und Trauer entschuldigt, aber inzwischen plagt sie das Chaos in ihrem Kopf zu sehr. Zuhal will wieder Klarheit gewinnen, die Sonne hinter dem ganzen Nebel wieder entdecken. Sie will wieder lernen, Nähe, Zuwendung und ihr eigenes Bedürfnis nach Liebe zuzulassen, durch alten Schmerz hindurchzugehen und dahinter das bisher verborgene, eigene Potenzial zu entdecken.

Ein paar Tage später fliegt sie nach Zürich. Im Flieger denkt sie über die Vergangenheit nach. Sie erinnert sich an ihre frühere Karriere als Modedesignerin, die sich in der Praxis als steinig erwiesen hat. Immer neue Trends, neue Farben, neue Ideen – ihre Kraftreserven sind immer strapaziert gewesen. Sie hat für verschiedene türkische Modelabels gearbeitet. Erst nach langer Suche hat sie ein türkisches Modeunternehmen gefunden, das in Berlin und Istanbul firmiert. Zu der Zeit hat sie ein Atelier in ihrer Villa in Berlin und ein weiteres bei den Eltern in Istanbul gehabt. Die Räume sind voll mit Schneiderpuppen, Stoffen und Fundsachen gewesen, die sie verarbeitet hat. Zuhal hat auch mit Tüll und Samt experimentiert.

Viele türkische Modehändler haben billig produzieren wollen und sind nicht fair gegenüber den Beschäftigten gewesen. Dabei hat Zuhal häufig Gewissenskonflikte bekommen. Die soziale Verantwortung der Fabrikanten ist Zuhal immer mehr als eine Floskel gewesen. Das rein kostenorientierte kapitalistische Gebaren der Unternehmer hat sie skeptisch beäugt.

Zuhal ist häufig schwindelig geworden bei dem Gedanken, dass die Kleider, die sie selbst trägt, in abbruchreifen Fabriken entstanden sind, genäht von dürren jungen Frauen und Kindern mit blutigen Fingern. Ihr Ex-Arbeitgeber ist vor allem in den Vororten Istanbuls aktiv gewesen: Berliner Modelabels haben von dort viel importiert. Die Arbeiterinnen haben keine Staubmasken getragen. Nähmaschinen haben im verdreckten Eingangsbereich neben offenen und verschmutzten

Plumpsklos gestanden. Feuertreppen haben gefehlt. Kinder haben die Kleider in die Verpackung gefummelt. Das Hintergrundwissen hat Zuhal zu schaffen gemacht. Die Arbeitswelt hat ihr die Augen für die Realität geöffnet. Die romantische Träumerin hat in sich die sensible Beobachterin für soziale Verwerfungen entdeckt.

Das harte Aufsetzen des Flugzeugs auf der Rollbahn schreckt Zuhal aus ihren Erinnerungen auf. Klare Gedanken wechseln sich ab mit wirren Angstzuständen. Immer wieder verdrängt ein diffuses Panikgefühl ihre eindeutige Begriffswelt. Als sie in der Abfertigungshalle auf ihr Gepäck wartet, schweift sie wieder in ihre innere Welt ab, in die Zeit, als sie ihre Lust an dem Luxus verloren und sich offen ihre erste schwere Krise manifestiert hat.

Es war ein schleichender Prozess. Sie hatte sich nicht mehr in adretten Kostümen und Mänteln oder in blauen Kleidern mit Hütchen im Pillbox-Stil wohlgefühlt. Ihre Kleider, beispielsweise auch von Chanel, sind im Schrank geblieben – zugunsten der Hosen. Nach wie vor ist Zuhal rank und schlank wie in jungen Jahren. Sie hat aber auch viel mit sich machen lassen in den vergangenen Jahren; vor allem im Gesicht, das straffer und weniger nach Leben ausgesehen hat, lassen sich Spuren erkennen. Obwohl sie auf die Umwelt weiterhin diskret und elegant gewirkt hat, ist sie privat immer öfter in Jeans, Schlabber-Shirt und flachen Schuhen herumgelaufen, um im Freien – etwa auf einem der vielen Berliner Friedhöfe – in Ruhe über die private und berufliche Situation nachzudenken. Sie hat den Wunsch nach Veränderung in sich gespürt, der aber zunächst richtungslos geblieben ist. Die Modewelt hat sie mittlerweile auch gelangweilt: Schöne Models, die lächeln und repräsentieren – das erfüllt Zuhal nicht mehr. Sie hat offen mit dem Ende ihrer Karriere in der Mode-Branche geliebäugelt. Vor allem aber davon geträumt, dass die Modewelt mit ihren Schattenseiten eine Einbildung ist. Wunschvorstellungen haben zunehmend die Wahrnehmung der Wirklichkeit getrübt. Aus der romantischen Träumerin ist eine Träumerin aus Notwehr geworden. Ihre Gefühlswelt ist aus den Fugen geraten, da ihre Liebe zerronnen ist.

In ihrem Kopf stellt sie sich die Fragen aus der Zeit noch mal: „Was passiert mit Kenan, wenn ich aus dieser Welt entfliehe? Kann ich meinen Sohn auf diesem Planeten zurücklassen? Kann ich jeglicher Verantwortung überhaupt noch gerecht werden? Sind meine Erlebnisse wahr und steht mein Leben tatsächlich auf der Kippe? Wem kann ich noch vertrauen? Welchen Wert hat mein Leben heute noch?" Zuhal hat sich damals diese Fragen in stiller Rücksprache mit ihrer verstorbenen Mutter und ihrer Oma gestellt. Beide haben sich für den Freitod entschieden. Sie haben an Depressionen gelitten. Auch sie kennt die Angst vor dem Leben und träumt immer öfter von der absoluten Ruhe – vom Tod.

Als sich Zuhal wieder der Umwelt bewusst wird, ist das Laufband längst zum Stillstand gekommen. Ihr Gepäckstück hat jemand neben ihr wortlos hingestellt. Hastig nimmt sie ihre Sachen und rennt durch die Halle nach draußen. Sie winkt ein Taxi herbei. Sie will auf dem direkten Weg zum Neurologen. Auf der Taxifahrt träumt Zuhal weiter. Sie denkt – wie so oft – an ihren verstorbenen Mann Kemal. Auf Zuhal liegt ein Schatten – und sie fühlt sich gnadenlos vom Schicksal betrogen. Sie sucht das Leben. Hinter ihr liegt gefühlt eine Schreckenszeit. Niederschmetternd. Den-Boden-unter-den-Füßen-wegreißend. Nichts ist mehr so, wie es gewesen ist. Sie wirft dem Taxifahrer, einem schlanken Mann mit scharf geschnittenem Gesicht, Blicke zu, als stummes Flehen nach tröstenden Worten. Sie erinnert sich an das Verhältnis zu Kemal, was auch von frostiger Höflichkeit bestimmt gewesen ist. Immer ist sie charmant geblieben – und doch hat die Härte durchgeschimmert, die ihr Beziehungsleben mitbestimmt hat. Mit den Jahren ist Zuhal sensibler geworden, aber in den wildesten Stürmen ist sie bislang von großem Gleichmut geblieben. Sie ist in der Beziehung zu Kemal oft auch innerlich erstarrt. In ihrer stillen Villa mit tiefen Teppichen, knarrenden Holzstiegen und den Schwarz-Weiß-Fotos ihrer Vorfahren hat sie sich manchmal fremdgefühlt.

Über einen Arzt-Freund von Kemal hat sie damals die Telefonnummer von dem Schweizer Psychiater bekommen. Sie hat öfter mit ihm telefoniert. Er kooperiert mit der Schweizer Organisation Dignitas, die Sterbewilligen den

Freitod ermöglicht. Schon früher hat sie gern mal inkognito einen Ausflug nach Zürich unternommen, um Distanz zu ihrer Familie zu gewinnen. Der Arzt hat die Aufgabe gehabt, ihren Lebensfragen Antworten zu geben. Sie selbst hat so auf ihn gewirkt, als habe niemand mehr in ihrem Leben mal stoßgelüftet.

Erstaunlich genau erinnert sich Zuhal an das entfernte Jahr 1999, an trübe Oktobertage mit dichtem Nebel. An ein denkwürdiges Gespräch mit dem Psychiater. An ein Gespräch, vor dem sie sterben und nach dem sie wieder leben hat wollen.

„Wie geht es Ihnen?", hat der drahtige, damals 61-Jährige Zuhal mit sanfter Stimme gefragt. Mit großen Augen hat sie den Mann mit grauen Haaren und weißem Hemd angeblickt. „Wir haben in unserem letzten Telefonat über eine Patientenverfügung gesprochen. Haben Sie das Papier dabei?", hat der Arzt wissen wollen. Vor ihm an der Wand hat das Schwarz-Weiß-Foto seiner verstorbenen Eltern gehangen. Sie hat jedoch immer eine Patientenverfügung abgelehnt. Sie hat ohne ein Schriftstück mit ihrem letzten Willen

über ihr Leben entscheiden wollen. „Was soll
das Papier bringen, wenn ich nicht mehr zur
Kommunikation fähig bin und zwei Ärzte sich
irren? Wie soll ich wissen, was ich in einer
ohnmächtigen Situation denke?" Er hat ihr
zugenickt und ist aufmerksam ihren Worten
gefolgt. „Der Gedanke an die brutale End-
gültigkeit des Todes lässt mich in eine Starre
verfallen. Das letzte Wort hat weder mein
Mann noch mein Kind, sondern der Tod. Ich
fühle mich innerlich leer, wie umgeben von
einer Hülle, die mich bei meiner Arbeit als
Modedesignerin und als Ehefrau und Mutter funktionieren lässt. Ich fühle mich so, als
ob ich innerlich zerfalle und mich auflöse.
Über Gefühle zu sprechen, also auch über
die schwierigen Verletzungen, ist mit Kemal
unmöglich."

„Ich weiß nicht, ob ich wirklich ein Glas
Wasser mit einem darin aufgelösten Pulver
trinken möchte." Sie hat sich warmgeredet.
„Es wäre zwar schön, nach kurzer Zeit ein-
fach einzuschlafen und mein Leben hätte ein
Ende. Gleichzeitig schäme ich mich für die
Gedanken. Das ist wie ein Verrat gegenüber
meinem Ehemann und Sohn." Sie kann sich

genau an ihre intensiven Gefühle erinnern,
die in ihr hochgekommen sind. Ihre Augen
haben getränt – und sie hat nach einer kurzen
Pause weitererzählt: „Sie brauchen mir nicht
zuzustimmen. Ich gehe trotzdem, wenn ich
mich dafür entscheide. Warum hat Deutschland einen staatlich verordneten Zwang zum
Leben? Unser kurzes Dasein ist uns ungefragt
aufgezwungen worden, oder? Mich hat niemand vorher nach diesem Geschenk gefragt.
Auf meiner Beerdigung darf mein Mann
gerne Geige spielen.“ Sie hat mit leiser Stimme weitergeredet: „Menschenwürdig sterben
können – dieser Notausgang muss mir offen
stehen.“ Stumpf haben ihre Augen gewirkt,
als ob der letzte Hoffnungsfunke verglimmt
ist. Ihre Stimme ist zeitweise verschwun-
den – sie hat sich für ein paar Minuten in ein
röchelndes Hauchen verwandelt. „Ich will
manchmal aus meinem Körper raus, weil ich
ihn als Gefängnis empfinde. Meine Seele will
fliegen. Ich habe in den vergangenen Wochen kaum noch was essen können. Und die
kleinen Mahlzeiten, die ich hinunterwürge,
kommen oft wieder hoch. Ich schlafe schlecht
und bekomme Albträume. Auf der anderen
Seite liebe ich meinen Sohn, wir unterhalten

uns in Gedanken. Ich verstehe ihn stumm."
Der erfahrene Arzt hat vorsichtig nachgehakt:
„Wissen Sie von einem unnatürlichen Tod in
Ihrer Familie?" Kurz hat sie überlegt damals,
ob sie sich wirklich ganz offenbaren soll und
nach einer kurzen Pause geantwortet: „Meine
Mutter, aber auch meine starke Oma haben
sich mit ihren Männern nicht verstanden. Sie
haben viel darunter gelitten. Meine Mutter
konnte tagelang meinem Vater nicht unter
die Augen treten, weil sie ihn mit der Zeit
verabscheut hat. Sein Fremdgehen hat sie
stillschweigend hingenommen. Beide wollten
am Ende ihre Würde mitnehmen. Beide sind
an einer Überdosis Schlaftabletten gestorben.
Ich habe den Suizid bis heute nicht verarbeitet und kann auch mit niemandem darüber
sprechen. Meine Seele wird immer wieder
zerrissen vom Zweifel. Wie können die Ketten
meines Leidens gesprengt werden? Niemand
kann mir wohl bei diesem Dilemma helfen,
oder?" Nach einer kurzen Pause hat der Arzt
geantwortet: „Geben Sie sich eine zweite
Chance. Sie lieben ihren Sohn – und Sie haben
die Kraft. Glauben Sie mir, werfen Sie ihr
Leben nicht weg. Geben Sie sich die Zeit, die
Sie brauchen." Nach einer kleinen Weile hat

Zuhal ihm erwidert: „Sie haben sicher recht. Ich danke Ihnen für das Gespräch. Für das Ende ist es wohl doch noch zu früh. Sie haben mir sehr geholfen, weil ich mich Ihnen anvertrauen konnte. Das Gespräch hat mir Kraft gegeben." Ihre Stimme ist bestimmt und ihr Blick klar gewesen. Sie ist froh gewesen, ihr Innerstes jemandem anvertraut zu haben. Das hat Zuhal bei dem Zürcher Neurologen auch jetzt wieder vor. Endlich reden können, endlich Gefühle zeigen – sich wieder frei, wenigstens freier zu fühlen. Der eigenen Entfremdung zu entkommen, wieder bei sich zu sein.

Der Taxifahrer schaut Zuhal an und sagt: „Entschuldigen Sie, ich will Sie von Ihrer Tagträumerei nicht abhalten. Aber wir erreichen in ein paar Minuten unseren Zielort." Der Taxifahrer sieht unsicher Zuhal an. „Kein Problem. Stimmt. Ich erinnere mich an die Straßen in Zürich. Hier in der Nähe arbeitet ein bekannter Arzt von mir, den ich vor etlichen Jahren mal aufgesucht habe." Sie spannt ihren Körper und versucht sich zu konzentrieren. Kurze Zeit später bezahlt Zuhal die Rechnung und geht in die Praxis des Zürcher Neurologen.

Zuhal erscheint mit eiligen Schritten. Sie hat sich einige Minuten verspätet. Entschuldigt sich beim Arzt, sie sei gerade in der Stadt angekommen. Sie sieht müde aus, abgekämpft. Ringe unter den Augen. Sie fragt nach einem Glas Wasser, wickelt ihr blaues Seidentuch noch ein wenig enger um den Hals. Der Neurologe begrüßt sie und stellt ihr ein Glas Wasser auf den Tisch. Zuhal bedankt sich und verschränkt ihre Arme, als ob sie friert. „Mir geht's nicht so gut", sagt sie nachdenklich und lässt den Blick schweifen. Sie nippt an ihrem Glas Wasser und überlegt, wie sie die Vergangenheit ihm bestmöglich schildern kann. Sie beginnt zu stottern, verhaspelt sich. Immer wieder setzt sie neu an. In diesem Moment kann der Arzt erahnen, dass sie professionelle Hilfe braucht. „Schauen Sie, die vergangenen Jahre haben mich viel Kraft gekostet. Ich musste durchhalten und konnte nicht aufgeben. Mein Mann ist verstorben. Ich habe einen Sohn, den ich über alles liebe. Mittlerweile habe ich auch einen Enkelsohn, den ich fast genauso tief liebe, und doch habe ich ihn ohne Absicht einmal im Warenhaus im Kinderwagen in Berlin vergessen. Ein furchtbarer Schreck für alle, gerade auch für mich.

Ich kann nicht einfach die Tür zumachen und mich von den negativen Ereignissen überwältigen lassen. Ich trage Verantwortung, weiß aber ehrlicherweise nicht mehr, ob ich sie noch wahrnehmen kann."

Eine Stunde ist bereits vergangen, und der Arzt hört aufmerksam zu, wie sich Zuhal mühsam die Sätze abringt. „Wie hat der Schicksalsschlag den Blick auf das verändert, was wichtig ist?", will der Neurologe wissen und schaut auf seinen Notizblick. „Sie meinen sicher meinen verstorbenen Mann. Ich habe mich einige Zeit mehr oder weniger zurückgezogen. Ich habe die meisten Termine abgesagt. Doch irgendwann kehrt der Alltag langsam wieder zurück. Meine Trauer habe ich in meinem Herzen bis heute und habe sie in der Öffentlichkeit verborgen. Der Schmerz sitzt still in mir. Wenn mein Sohn...", sie schweigt plötzlich,... „der tut immer solche Sachen." Sie stockt, ringt nach Worten und verliert den roten Faden. Nach einer Minute fährt sie einfach fort: „Loslassen fällt mir schwer. Ich will, dass unsere Familie weiterhin auf einem sicheren Fundament steht." Sie schweigt kurz und setzt dann wieder an. „Kenan und neuerdings meine Schwiegertochter Jane haben uns für manche Veranstaltungen getroffen, da habe ich auch zum leuchtend grünen Kleid einen violetten Blazer getragen“, erläutert sie verwirrt.

Der Arzt macht weiterhin Notizen und schaut Zuhal an. „Glauben Sie an eine Zeit für eine neue Liebe?“ – „Wenn ich in Berlin oder woanders spazieren gehe, werfe ich auch Blicke auf andere Männer. Ich weiß, dass ich nicht diese Maßstäbe anlegen darf. Aber sie geschehen von allein. Das Leben nach dem Tod von Kemal hat sich eingerichtet wie zwischen Ruinen. Aber niemand kann Kemal das Wasser reichen. In der letzten Phase meiner Ehe mit Kemal hatten wir peu à peu weniger Sex. Mir ist bewusst, dass Männer ein anderes Verhältnis zu Sex haben. Nachdem Kemal gestorben ist, hat Sex einen Tabu-Charakter bekommen. Daran kann ich nicht denken. Das spielt keine Rolle. Manchmal bekomme ich auch Schuldgefühle, wenn ich anderen Männern hinterherschaue.“

Der Arzt räuspert sich und hat eine weitere Frage. „Haben Sie Ihren verstorbenen Mann

geliebt?“ – Zuhal: „Was ist schon Liebe? Niemand kann es klar definieren.“ Zuhal sieht wieder klar und spricht ruhig: „Liebe ist eine Utopie. Ein Wert, nach dem wir uns ausrichten können. Liebe verändert sich im Laufe einer Beziehung – sie ist weder räumlich noch emotional eingrenzbar. Kemal und ich haben in den letzten Jahren kaum Sex gehabt. Später ist die Behinderung meines Mannes der Grund gewesen, dass wir keinerlei Sex mehr gehabt haben. Naja, im Idealfall hat Liebe einen selbstlosen Charakter, sie sollte dann nur geben und schenken. Das gilt für Kemal und mich nicht so. Zur Liebe gehören aber auch die Fürsorge, Aufmerksamkeit, wahre Gefühle und Verantwortung. Das haben wir beide irgendwie versucht. Ich weiß nicht, ach …“
– „Bitte erzählen Sie weiter“, bittet der Neurologe Zuhal. „Am Ende ist eine Beziehung auch handwerkliches Können, aus romantischen Höhenflügen jenes rätselhafte, alltagstaugliche Gebilde zu formen, welches wir dann Liebe nennen. Je wichtiger ein Mensch für mich und mein Selbstbild ist, desto labiler fühle ich mich, wenn ich ihn verliere. Ich habe das Gefühl am Boden zu liegen, seit Kemal nicht mehr am Leben ist.“

Zuhal macht eine Pause und nimmt einen
Schluck Wasser. Sie schaut den Arzt an und
erzählt weiter: „Kemal und ich haben versucht vieles zu teilen. Nicht nur materiell,
sondern auch geistig sowie emotional. Ich
vermute, dass dies ein wichtiger Teil der Liebe
ist. Kemal und ich sind trotz unserer schwierigen Phasen irgendwie zusammengewach-
sen. Ich kann mich aber auch nicht mehr an
alles erinnern. Manches ist wie gelöscht in
meinem Gehirn. Ich verliere mich in Tagträu-
men. Manchmal greift die Fantasie auf die
Realität über. Nach dem Tod meines Mannes
fällt es mir schwer eine echte Katharsis zu finden - egal was ich unternehme.“

Für Zuhal wirkt der Neurologe, als ob er in
eine eisige Mauer des Schweigens gehüllt ist.
Der Arzt steht von seinem Stuhl auf und öffnet das Fenster. Milde Luft zieht in den Raum
ein, Windspiele verbreiten leise Töne. „Ich bin
unsicher, was ich Ihnen sagen soll“, beginnt
der Arzt vorsichtig und sichtlich um Nüch-
ternheit bemüht. „Sie wirken auf mich sehr
getrieben, einerseits sehr klar und deutlich in
der Aussage, andererseits mit Wortfindungs-
problemen und ja auch richtigen Ausfällen,

wie Sie selbst beschrieben haben. Ich würde
gerne neben einem Gedächtnistest andere
Untersuchungen mit Ihnen machen. Ich will
offen und ehrlich mit Ihnen sein. Ich habe den
Verdacht auf beginnende Demenz. Das ist nur
ein Gefühl." – „Wie?", reagiert Zuhal verstört.
„Ich hoffe aber, dass dies bei Ihnen nicht
infrage kommt. Demenz bedeutet den Verlust
des Denkvermögens, der Sprache, Motorik,
was auch zum teilweisen Abbau der Persön-
lichkeitsstruktur führen kann."

Zuhal tippelt unruhig von einem Bein aufs
andere, beobachtet argwöhnisch, was der
Arzt sagt. Er achtet darauf, dass Zuhal nicht
verunsichert wird und versucht sie trotz seines Verdachts zu motivieren. „Ich kann mich
auch irren, aber wir sollten jetzt jedem Hin-
weis nachgehen. Möglicherweise töten giftige
Eiweißmoleküle Nervenzelle um Nervenzelle
in ihrem Gehirn, fräsen Schneisen durch das
Land der Erinnerungen. In unserer Kultur
wird Demenz zu einem wichtigen Thema, weil
durch die steigende Lebenserwartung immer
mehr Menschen betroffen sind. Wir sind in
der Schweiz und haben die besten Behand-
lungsmethoden, die wir unter Umständen

anwenden können." – „Ich würde gerne nach
Berlin zurückfliegen wollen. Ich vermisse
meinen Sohn", bringt sie verunsichert über
Ihre Lippen. „Wir sollten uns schnellstmöglich
für weitere Schritte wieder treffen." – „Ich
melde mich", sagt Zuhal und verabschiedet
sich vom Arzt.

Zuhal fährt mit dem Taxi zum Flughafen
und nimmt den nächsten Flieger nach Berlin. „Kenan, zum Glück habe ich dich. Ohne
dieses feste Fundament hätte ich keine Kraft
mehr." Am Berliner Flughafen in Tegel wartet
Kenan auf seine Mutter, die er nach Hause
fahren möchte. „Mama. Endlich bist du wieder bei uns", murmelt Kenan, als er Zuhal aus
einer Schiebetür treten sieht. „Auch Yunus
und Jane freuen sich auf dich", ergänzt er und
lächelt dabei versöhnend. Sie umarmen sich.
Zuhal lässt sich nichts anmerken.

Auf der Autofahrt erzählt Zuhal dann doch,
dass der Arzt einen Verdacht bei ihr auf eine
Demenzerkrankung hat. Kenan reagiert scho-
ckiert. „Zum Glück habe ich dich", tröstet die
Mutter ihren Sohn und will ihn beruhigen.
„Mama, ich werde immer für dich da sein."

Kenan versucht ihr Mut zu machen. – „Meine Nervenzellen werden im schlimmsten Fall weiter sterben, die geistigen und körperlichen Fähigkeiten schwinden. Irgendwann muss wohl das Essen mir dann von irgendjemandem gereicht werden. Vielleicht erkennst du mich dann nicht mehr. Wer bin ich dann, wenn die Demenz voranschreitet? Werde ich immer mehr vergessen? Ich hoffe, du wirst mich nicht vergessen", scherzt Zuhal, obwohl sie innerlich weint. „Mama, alles wird gut. Ich übernachte heute in der Villa bei dir." Kenan schafft es nicht mehr zu lächeln. Beide fallen den Rest der Fahrt in ein tiefes Schweigen.

Als sie angekommen sind, will sich Zuhal in ihr Zimmer zurückziehen. Dort blickt sie stolz auf das Schwarz-Weiß-Foto von Kemal auf ihrem Nachtschrank.  „Mein toller Mann. Du bist einmalig. Ich liebe dich weiterhin." Sie zündet sich eine Kerze an. Sie liebt dieses besondere Licht. „Meine Gedanken sind bei dir", sagt sie summend. „Momente wie diese werden, das ist mir klar, rarer werden. Vielleicht stehe ich am Beginn einer langen Reise ins Land des totalen Vergessens. Noch erkenne ich unseren Sohn. Aber wie lange noch?

Soll ich möglicherweise in einem betreuten Wohnheim leben, um niemandem zu Last fallen? Muss ich mit einem Abdriften aus der Realität der Gesunden rechnen? Wer bin ich dann, wer ist wer, und wer lebt wessen Leben? Ich fühle mich überfordert", sagt sie mit müder Stimme. Zuhal legt sich erschöpft ins Bett.

Kenan hingegen ist emotional aufgewühlt und verlässt die Villa. Er will Luft schnappen, spaziert durch die Gegend und will Richtung Warschauer Brücke. Als Schatten geistert Kemal noch immer fast täglich durch den Kopf seines Sohnes. Nichts verschwindet wirklich. Auch auf Kenan wirkt die Realität zeitweise verworren. Er balanciert zwischen Rätseln in seiner Gefühlswelt, die er erkennen und lösen will, und Geheimnissen, die er bewahren möchte. Geschichten und Bilder aus Vergangenheit und Gegenwart sammeln und stapeln sich in seinem Kopf übereinander und durcheinander. „Wo stehe ich in dieser Geschichtenvielfalt, gehe ich in die richtige Richtung?" Fragen der Unsicherheit. Kenan glaubt dann immer die Energie seines verstorbenen Vaters zu spüren. In einer Art Stoßgebet versucht sich Kenan zu ordnen: „Papa, seit deinem Tod suchen wir alle das Leben neu. Ich will mein Lebenstempo drosseln und kein eiliger Wanderer zwischen den Welten werden. Hoffentlich bleibt Mama noch lange am Leben. Ich will, so gut es eben möglich ist, ihr zur Seite stehen. Das hättest du sicherlich gewollt. Ob ich diesen Anspruch im Zweifelsfall wirklich Eins zu Eins bis zum bitteren Ende einlösen kann, weiß ich aber nicht, wenn ich ehrlich bin. Aber ich will mein Bestes versuchen. Mit meiner Frau Jane hättest du dich sicher auch gut verstanden. Unseren Sohn wollen wir protestantisch-anglikanisch und alevitisch erziehen. In puncto Glauben werden wir unseren Weg gehen. Jane will Yunus ebenso taufen lassen. Ich habe nichts dagegen." Der Regen hat inzwischen aufgehört und wärmende Sonnenstrahlen blinzeln durch die Wolkendecke. Was für ein schöner Zufall, würde jetzt Jane sagen, denkt sich Kenan und grinst dabei nach oben.

Er ist inzwischen an der Warschauer Brücke angekommen. Wie im Fernsehen sieht er die Menschenmassen, die vielen jungen Leute, die Berlin-Besucher und Klassenfahrtler an ihm vorbeiziehen. Wie sehr sich doch gerade diese Gegend zwischen Ost und West geändert hat in den vergangenen Jahren, denkt er sich, als er auf die klobige, monumentalistische O²-World-Halle stiert. Als sein Handy klingelt, drückt er gedankenverloren auf die Annahmetaste und sagt nur kurz: „Ja." „Ich bin's! – Hugo". Nach einer kurzen Schrecksekunde erkennt Kenan die bekannte Stimme. „Ich bin vor einer Stunde in Berlin gelandet. Wo bist du?" – „Auf der Warschauer Brücke", Kenan versucht sich hörbar zu sammeln, „aber wir haben doch ausgemacht, dass du mich nicht in Berlin besuchst. Das kann ich jetzt überhaupt nicht gebrauchen", schreit er ins Telefon. Kenan wirkt überfordert von der Situation und unkontrolliert. Hugo fasst all seinen Mut zusammen und wehrt sich jetzt auch mit lauter Stimme: „Was denkst du eigentlich? Ich bin doch nicht dein Hund, den du hin- und herschubsen kannst, wie du willst. Wenn ich nach Berlin kommen will, komme ich auch. Es geht mir schon lange auf den Keks, wie du dich zu einem Quasi-Alleinentscheider in unserer Beziehung erhebst, alles so haben willst, wie es ausschließlich dir gefällt. Mir stinkt es auch gewaltig, dass ich wie eine Beziehung zweiter Klasse behandelt werde." „Jetzt beruhige dich doch. Das können wir alles besprechen…" „Nix wir", Hugo schreit jetzt, „ich, ich, ich", seine Stimme überschlägt sich, „werde jetzt Jane anrufen und ihr alles sagen. Sie oder ich, dann viel Spaß bei der Entscheidung." „Lass das bitte." Kenan versucht ruhig zu reden. Als er aber merkt, dass Hugo wirklich aufgelegt hat, beginnt er zu stammeln: „Oh je. Nein, gehe jetzt nicht zu Jane." In ihm steigt panikartige Angst auf, die seine Kehle zu erdrücken droht. Sein Herz beginnt zu rasen.

„Papa, was soll ich jetzt machen? Muss ich mich gegen Hugo entscheiden, um bei meiner Familie bleiben zu können? Papa, es tut mir leid, ich habe dich beschimpft, dir deine Untreue gegenüber Mama vorgeworfen und deine Doppelbödigkeit verurteilt. Ich habe dich damit so tief getroffen, dass du fast von der Brücke gesprungen bist." Er sieht wie gebannt die Brücke herunter, auf das Gewirr an Bahngleisen, auf denen in regelmäßigen Abständen die S-Bahnen die Brücke passieren. „Und was mache ich jetzt? Ich verhalte mich genauso doppelbödig. Betrüge meine

Frau und mein kleines Kind. Will aber nichts daran ändern, weil die Familie für mich heilig ist, ich gleichzeitig aber auch von Hugo nicht lassen will. Dabei habe ich doch alles versucht, anders zu sein, und bin dir doch immer ähnlicher geworden. Liegt die Scheinheiligkeit in unseren Genen? Was passiert hier? Ich habe Angst, alles zu verlieren. Soll ich dir etwa alles nachmachen, Papa? Hat dich Mama nicht manchmal auch weggeschickt und dann wieder deine Nähe gesucht, weil sie bemerkt hat, wie fern du dir selber warst? Hast du nicht auch deine seelischen Schmerzen säuberlich vor uns weggepackt? Und bist du mit deinem Selbstmordversuch etwa der buddhistischen oder einer streng alevitischen Lehre gefolgt, die Suizid nicht als Sünde begreift? Was für einen Sinn soll dieser Verzweiflungsakt für dich gehabt haben? Uns bleibt alles völlig fremd und schleierhaft."

Wie in Hypnose starrt er auf die Gleise. Er befindet sich in einem komaähnlichen Zustand. Kenan spürt tief in sich einen besonderen Schmerz, wenn er an Kemal denkt, den er ungern mit seinem Umfeld bespricht. „Haben wir nun nach deinem Tod eine bessere Ver-

bindung von meinen zu deinen Wunden? Gibt
es keine Stille ohne Schrei? Keine Überwin-
dung ohne Schmerz? Warum hast du uns kein
Fundament mit echter Harmonie hinterlas-
sen?" Fragen, die ihm durch den Kopf schwir-
ren. Kenan bekommt keine Ruhe. Er hängt
seinen eigenen Gedanken und Erinnerungen
nach. Wie in Trance murmelt er vor sich:
„Papa, Mama und ich tänzeln an dir bis heute
entlang, ohne zu wissen, wie uns geschieht.
Du hast uns magisch im Griff. Unsere Welt ist
jetzt noch unübersichtlicher als vorher. Lass
los. Nein, gib uns Kraft." Verwirrt läuft er auf
und ab. Passanten laufen verwundert an ihm
vorbei. Die Angst ist Kenan in das Gesicht
geschrieben: „Warum hast du eine Tür auf-
stoßen wollen, die direkt in den Tod führen
sollte? Soll ich etwa auch ein Leben mit uner-
füllten Sehnsüchten haben?", fragt er leise in
sich hinein und schaut in den Himmel. „Papa,
ich glaube immer noch, dass du bei uns bist.
In unserer Vorstellungskraft bist du noch am
Leben. Wir alle leben in verschiedenen Reali-
täten – der physischen, seelischen und vor-
gestellten Wirklichkeit. Den Sinn dafür hast
du uns geschenkt. Du kannst immer kommen
und gehen. Du bist immer da und gleichzeitig

weg. Deine hellen, dunklen, musikalischen Seiten beseelen uns für alle Zeiten. Weißt du was? Beim Schreiben bin ich dir besonders nah. Dabei kann ich alles tun. Ich habe dann keine Ängste mehr. Die Einsamkeit in deinem Leben war auch deine Unabhängigkeit. Du warst auf dich gestellt. Du kanntest alles: Krankheit, Gesundheit, Ängste und alle Widersprüchlichkeiten im Leben. Du hast es immer geschafft, deinem Leben eine Wendung zu geben. Das ist jetzt auch meine Aufgabe. Als Kind hast du mir viele Märchen erzählt. Von den guten und den bösen Mächten. Ich will an die Kraft der Liebe glauben und an den Schmerz, den wir spüren, wenn wir an dich denken." Plötzlich hört Kenan auf zu denken. Ein paar Minuten lang steht er ganz still und lauscht dem Geräusch seines Atems. Dann läuft er los, ohne nach hinten zu schauen, als ob ein Geist hinter ihm her ist.

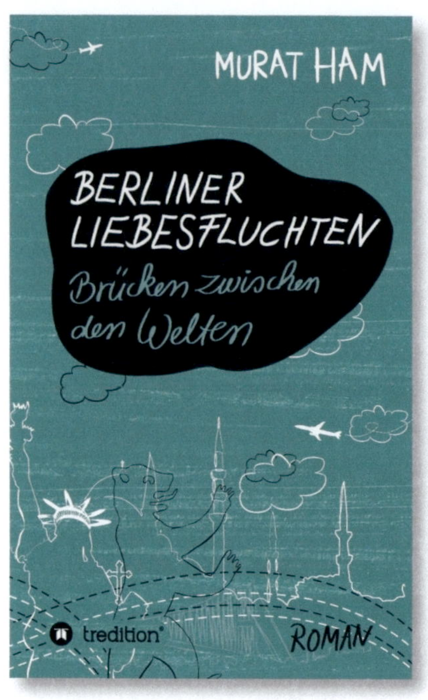


Der Roman ist eine Zeitreise durch politische und persönliche Welten in Istanbul, Berlin und New York. Der verheiratete Chemie-Professor Kemal versucht, sein eigenes inneres Verzweifeln an der empfundenen Sinnlosigkeit allen Tuns durch Drogen und Sex mit anderen Frauen zu verdrängen und zu überspielen. Dieses verheimlicht er vor seiner Ehefrau Zuhal, einer sensiblen Modedesignerin. Auch im hohen Alter hat er noch immer nicht den richtigen Umgang mit der persönlichen Freiheit gefunden, um mit ihr gesund und im Einklang leben zu können. Zuhal führt eine stumme Gewohnheitsbeziehung mit ihrem Mann. Kemal weiß nicht, dass sie episodisch auftretende Depressionen hat und oft an Selbstmord denkt. Der Sohn der beiden, Kenan, ist Journalist und Schriftsteller, sehr eitel, aber sympathisch und eine Frohnatur. Die Beziehung zu seinen Eltern, vor allem zu seinem exaltierten Vater, ist widersprüchlich. Kenan und seine Clique, ein bunter Haufen aus verschiedenen Teilen der Welt, genießen das mondäne Leben zwischen Partys, Sex, Drogen und hämmernder Musik. Moderne, globalisierte Menschen, gut ausgebildet, deren Leben durch goldene Kreditkarten materiell abgesichert sind. Sie sind Konsumexperten jeder Art: angesagte Restaurants, schicke Klamotten, die beste Sexstellung oder die wirkungsstärksten Drogen. Doch die Protagonisten geraten allesamt immer mehr in einen Sog, der sie mitzureißen droht ...

ISBN
Hardcover: 978-3-8495-4394-5 / 16,90€
Paperback: 978-3-8495-4403-4 / 13,90€
E-Book: 978-3-8495-4405-8 / 8,99€

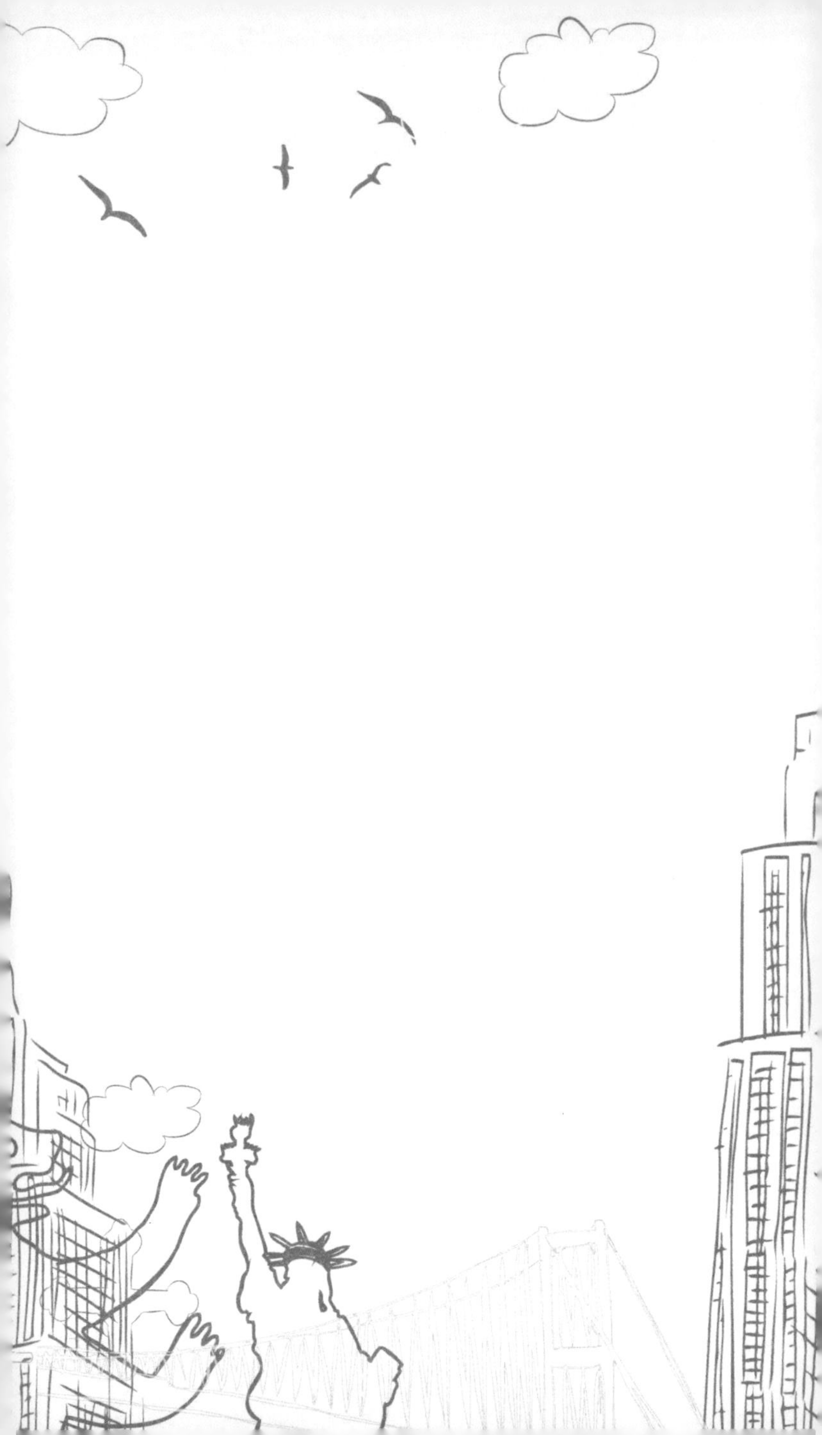

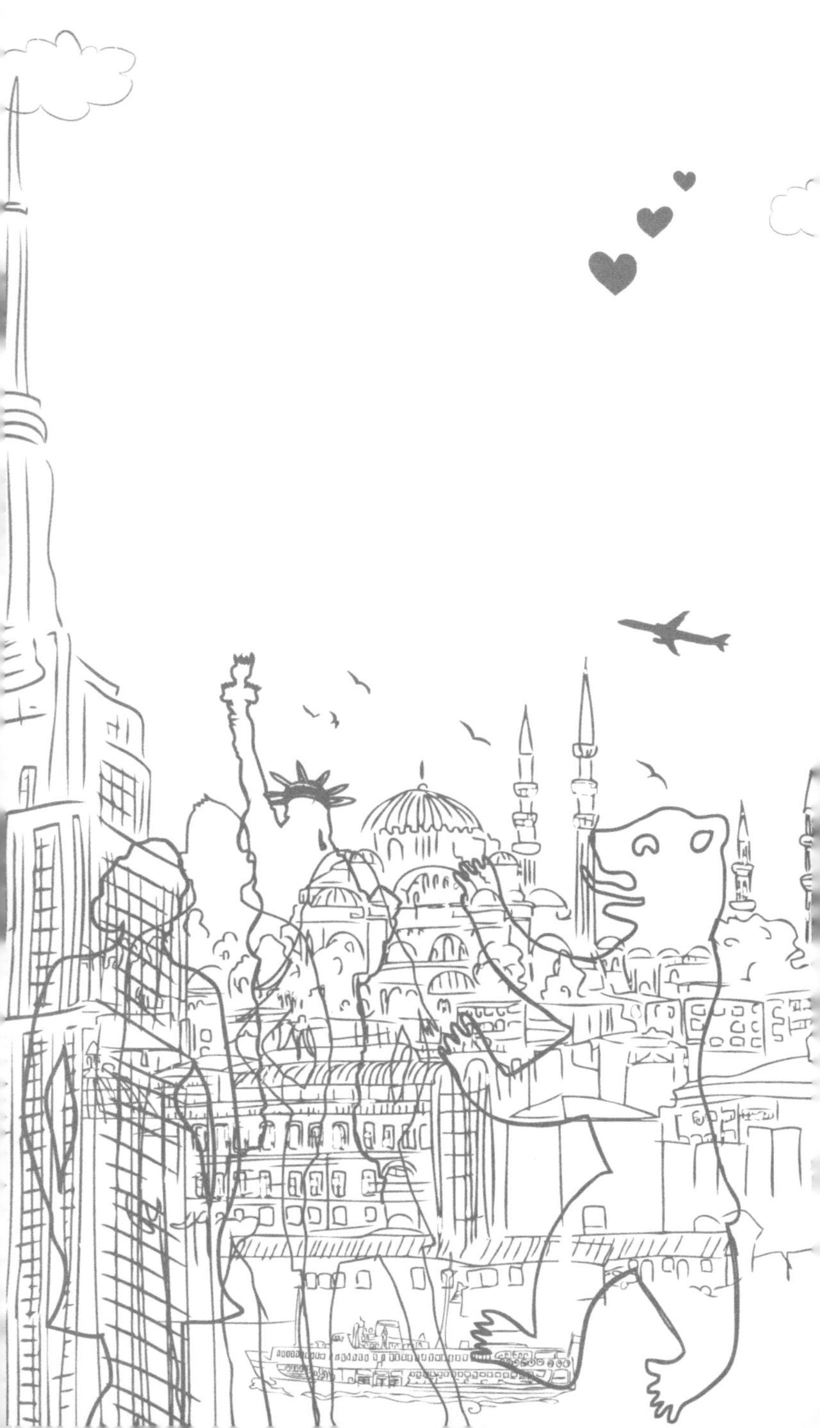

Impressum

© 2014 Murat Ham, www.murat-ham.de

1.Auflage 2014

© 2014 Verlag Tredition Hamburg

Umschlaggestaltung, Illustration:

Tonia Wiatrowski, www.tatendrang-design.de

Lektorat: Christoph Marx, www.textfuchs.com

Korrektorat: Dr. Patrick Baumgärtel

Autorenfoto: Sebastian Runge

Verlag: tredition GmbH, Hamburg

Printed in Germany

ISBN: 978-3-8495-7527-4



Bibliografische Information der Deutschen Nationalbibliothek: Die Deutsche Nationalbibliothek verzeichnet diese Publikation in der Deutschen Nationalbibliografie; detaillierte bibliografische Daten sind im Internet über h`p://dnb.d-nb.de abrubar.